国学里的中国

读懂中国的智慧

著

大学·中庸

天天出版社
人民文学出版社

前言

《大学》是儒家经典之一，原为《礼记》中的一篇，相传为孔子学生曾参所作[1]。曾参，字子舆，以孝著称，提出“吾日三省吾身”的修养方法。认为“忠恕”是孔子“一以贯之”的思想，提出“慎终、追远、犯而不校（计较）”等主张。把自己的学问传授给子思，子思又传给孟子。后人称他为“宗圣”。

《大学》以明德、新民、止于至善作为纲领性要求，通过格物、致知、诚意、正心而达到修身，再达到齐家、治国、平天下的目的。主张“仁政”，强调以德为本，以财为末。注重获取民心，注重生财之道。北宋程颢、程颐将它从《礼记》中抽出，南宋朱熹又将其与《中庸》《论语》《孟子》合编注释，称为“四书”，是后世科举取士的必读教科书。

《中庸》是儒家经典之一，原为《礼记》中的一篇，相传为战国时孔子的孙子子思所作[2]。子思，名孔伋，曾受业于曾参，发挥孔子“中庸”思想并使之系统化，成为自己

的核心学说。宣传儒家“诚”的道德观念，并视之为世界的本原。后孟子受业其门人，进一步发挥他的学说，从而建立思孟学派。后人称他为“述圣”。

《中庸》以“中庸”作为道德行为的最高标准，主张处理事情不偏不倚，无过无不及。把“诚”看作世界的本原，认为“至诚”则达到人生的最高境界，并提出“博学之，审问之，慎思之，明辨之，笃行之”的学习过程和认识方法。作为“四书”之一，《中庸》也是后世科举取士的必读教科书。

为了让小朋友了解这两部经典著作，我们对《大学》《中庸》进行了详细解读，原文采用大字注音，并附有导读和译文，以便诵读理解。同时，每则内容还配有相关的精彩故事，以加深对原文精髓的领悟。尤其值得一提的是，每则故事都配有原汁原味的古代字画，或反映当时生活情境的文物图片，以尽量还原故事所要表达的思想内涵。愿小朋友在诵读默记之中，聆听先贤的喃喃细语，体悟圣者的谆谆教诲，吸其精华，去陈存新，最终成为境界高尚的人。

❶ 关于《大学》一书的作者，众说纷纭，本书采用南宋朱熹的观点。

❷ 关于《中庸》一书的作者，众说纷纭，本书采用西汉司马迁、南宋朱熹的观点。

目录

清顺治五彩八仙闹海图罐

大学

明木雕彩绘帝释天立像

中庸

清乾隆胭脂红料
苍龙教子图撇口瓶

商代后母戊铜鼎

清麒麟送子龙首挂花钱

元磁州窑白地黑花龙凤纹罐

唐三彩陶马

大　学

清董诰绘《春社延宾》图

第一章

导读

本章阐明大学的宗旨和纲要。其中，“明明德”“亲（新）民”“止于至善”为大学的“三纲”，“格物”“致知”“诚意”“正心”“修身”“齐家”“治国”“平天下”为大学的“八条目”，儒家哲学的入门精要都包含在这一章中，以下各章都是对“三纲八条目”的具体阐释。

原文

dà xué zhī dào zài míng míng dé zài qīn mín zài
大学之道，在明明德，在亲民，在
zhǐ yú zhì shàn zhī zhǐ ér hòu yǒu dìng dìng ér hòu néng
止于至善。知止而后有定，定而后能
jìng jìng ér hòu néng ān ān ér hòu néng lǜ lǜ ér hòu
静，静而后能安，安而后能虑，虑而后
néng dé wù yǒu běn mò shì yǒu zhōng shǐ zhī suǒ xiān
能得。物有本末，事有终始。知所先
hòu zé jìn dào yǐ
后，则近道矣。

释义

大学的宗旨，在于教人弘扬光明正大的品德，使人弃旧图新，并最终达到完善的境界。知道应该达到的境界，才能志向坚定；志向坚定，才能镇静不乱；镇静不乱，才能心安理得；心安理得，才能思虑周详；思虑周详，才能达到完善的境界。每样东西都有根本和末节，每件事情都有开始和终结。知道了本末始终的先后次序，就接近事物发展的规律了。

故事

割发代罚

sān guó shí cáo cāo shí xíng tún tián zhèng cè kàn zhe chéng shú de mài
三国时，曹操实行屯田政策，看着成熟的麦
zi xīn lǐ shí fēn gāo xìng yú shì xià lìng yán jìn huǐ huài mài tián wéi zhě
子，心里十分高兴，于是下令：“严禁毁坏麦田，违者
shā tóu guò le yì xiē rì zi cáo cāo shuài bīng qù dǎ zhàng tā qí zhe mǎ
杀头。”过了一些日子，曹操率兵去打仗，他骑着马，
zǒu zài tián jiān de xiǎo lù shang hū rán yì qún xiǎo niǎo cóng mài tián li fēi chū
走在田间的小路上。忽然，一群小鸟从麦田里飞出，
jīng de cáo cāo de zhàn mǎ sì chù luàn pǎo tà huài le yí dà piàn mài zi
惊得曹操的战马四处乱跑，踏坏了一大片麦子。

cáo cāo jiàn zì jǐ wéi fǎn jūn jì jiù qǐng jūn fǎ guān zhì zuì jūn fǎ guān
曹操见自己违反军纪，就请军法官治罪。军法官
shí fēn wéi nán cáo cāo shuō wǒ shēn wéi
十分为难，曹操说：“我身为
zhǔ shuài bù néng zì shā jiù bǎ wǒ de
主帅，不能自杀，就把我的
tóu fa gē xià lái dài tì kǎn tóu ba shuō
头发割下来代替砍头吧！”说
wán yòng bǎo jiàn gē xià zì jǐ de tóu fa
完，用宝剑割下自己的头发，
jiāo gěi jūn fǎ guān shì zhòng jiàng shì men duì
交给军法官示众。将士们对
cáo cāo yán gé yāo qiú zì jǐ hěn pèi fú cóng
曹操严格要求自己很佩服，从
cǐ dōu gé wài zūn shǒu jūn jì
此都格外遵守军纪。

明人绘魏太祖曹操画像

原文

gǔ zhī yù míng míng dé yú tiān xià zhě xiān zhì qí guó
古之欲明明德于天下者，先治其国；
yù zhì qí guó zhě xiān qí qí jiā yù qí qí jiā zhě xiān xiū
欲治其国者，先齐其家；欲齐其家者，先修
qí shēn yù xiū qí shēn zhě xiān zhèng qí xīn yù zhèng qí xīn
其身；欲修其身者，先正其心；欲正其心
zhě xiān chéng qí yì yù chéng qí yì zhě xiān zhì qí zhī
者，先诚其意；欲诚其意者，先致其知；
zhì zhī zài gé wù
致知在格物。

释义

古代那些想要在天下弘扬光明正大品德的人，先要治理好自己的国家；想要治理好自己的国家，先要管理好自己的家庭；想要管理好自己的家庭，先要修养自身的品行；想要修养自身的品行，先要端正自己的心思；想要端正自己的心思，先要使自己的意念真诚；想要使自己的意念真诚，先要使自己获得知识；获得知识的途径在于探究事物的道理。

清康熙五彩鹤鹿同春图大盘

故事

坚持改错

qīng cháo kāng xī nián jiān yǒu yí gè shào nián jiào xú wén jìng cóng xiǎo tiáo
清朝康熙年间，有一个少年叫徐文靖，从小调
pí dǎo dàn bù jǐn mǎn zuǐ zāng huà cū huà hái jīng cháng hé rén dǎ jià tóng
皮捣蛋，不仅满嘴脏话、粗话，还经常和人打架，同
xué men dōu bú yuàn yì hé tā jiāo péng you hòu lái zài lǎo shī hé fù mǔ de
学们都不愿意和他交朋友。后来，在老师和父母的
bāng zhù xià xú wén jìng jué dìng tòng gǎi qián fēi
帮助下，徐文靖决定痛改前非。

wèi le gǎi biàn bù liáng xí guàn tā xiǎng le yí gè bàn fǎ tā zhǎo lái liǎng
为了改变不良习惯，他想了一个办法。他找来两
gè xiǎo cí píng zhǔn bèi fēn bié chǔ fàng hēi dòu hé huáng dòu měi dāng zuò le hǎo
个小瓷瓶，准备分别储放黑豆和黄豆，每当做了好
shì jiù zài yí gè píng zi li fàng yì kē
事，就在一个瓶子里放一颗
huáng dòu měi dāng zuò le cuò shì jiù
黄豆；每当做了错事，就
zài lìng yí gè píng zi li fàng yì kē hēi
在另一个瓶子里放一颗黑
dòu guò yí duàn shí jiān tā jiù bǎ
豆。过一段时间，他就把
liǎng gè píng zi li de dòu zi dào chū lái
两个瓶子里的豆子倒出来，
tōng guò duì liǎng zhǒng dòu zi shù liàng de bǐ
通过对两种豆子数量的比
jiào jìn xíng jiǎn chá fǎn xǐng jiàn jiàn
较，进行检查、反省。渐渐
de huáng dòu duō le hēi dòu shǎo le
地，黄豆多了，黑豆少了，
zuì zhōng tā gǎi diào le bù liáng xí guàn
最终他改掉了不良习惯。

清焦秉贞绘《百子团圆图》之一，描绘儿童打斗的场景

原文

wù gé ér hòu zhī zhì zhī zhì ér hòu yì chéng yì chéng
物格而后知至，知至而后意诚，意诚
ér hòu xīn zhèng xīn zhèng ér hòu shēn xiū shēn xiū ér hòu jiā
而后心正，心正而后身修，身修而后家
qí jiā qí ér hòu guó zhì guó zhì ér hòu tiān xià píng
齐，家齐而后国治，国治而后天下平。

释义

探究事物的道理后，才能获得知识；获得知识后，才能意念真诚；意念真诚后，才能心思端正；心思端正后，才能品行修养；品行修养后，才能管理好家庭；管理好家庭后，才能治理好国家；治理好国家后，才能使天下太平。

故事

相国的车夫

chūn qiū shí qí guó xiàng guó yàn yīng
春秋时，齐国相国晏婴
de chē fū yǒu yí cì huí jiā hòu qī zi biǎo
的车夫有一次回家后，妻子表
shì jiān jué yào lí kāi tā chē fū hěn chī jīng
示坚决要离开他。车夫很吃惊，
máng wèn tā wèi shén me qī zi shuō nǐ
忙问她为什么。妻子说：“你

清人绘《历代名臣像解》中的晏婴画像

kàn yàn yīng suī rán shēn wéi xiàng guó míng yáng tiān xià kě shì jīn tiān wǒ jiàn dào tā
看晏婴虽然身为相国，名扬天下，可是今天我见到他
zuò zài chē shang shén qíng ān rán tài dù qiān gōng zài kàn nǐ xiàng mào táng
坐在车上，神情安然，态度谦恭。再看你，相貌堂
táng de nán zǐ hàn zhǐ shì yí gè chē fū què bǎi chū yí fù bù kě yí shì de
堂的男子汉，只是一个车夫，却摆出一副不可一世的
yàng zi zhè shì bù zhī fēn cun xiàng guó dōu nà me qiān gōng nǐ yòu yǒu shén me
样子，这是不知分寸。相国都那么谦恭，你又有什么
zhí dé xuàn yào de ne nán dào zhǐ shì yīn wèi gěi xiàng guó gǎn chē ma tīng wán
值得炫耀的呢？难道只是因为给相国赶车吗？”听完
qī zi de pī píng chē fū hěn cán kuì cóng cǐ biàn de qiān xū qǐ lái
妻子的批评，车夫很惭愧，从此变得谦虚起来。

yàn yīng fā xiàn le chē fū de biàn huà wèn qīng yuán yóu hòu xiàng qí jǐng
晏婴发现了车夫的变化，问清缘由后，向齐景
gōng tuī jiàn tā zuò le dà fū bìng duì tā de qī zi jìn xíng le jiǎng shǎng
公推荐他做了大夫，并对他的妻子进行了奖赏。

明刻本《列女传》插图《齐相御妻》，描绘晏子御者趾高气扬，而其妻在门后偷偷观望的场景

原文

zì tiān zǐ yǐ zhì yú shù rén yī shì jiē yǐ xiū shēn wéi
自天子以至于庶人，壹是皆以修身为

běn qí běn luàn ér mò zhì zhě fǒu yǐ qí suǒ hòu zhě bó
本。其本乱而末治者，否矣；其所厚者薄，

ér qí suǒ bó zhě hòu wèi zhī yǒu yě cǐ wèi zhī běn cǐ wèi
而其所薄者厚，未之有也。此谓知本，此谓

zhī zhī zhì yě
知之至也。

释义

上自一国之君，下至平民百姓，人人都要以修养自身的品行为根本。如果这个根本乱了，那么要做到齐家、治国、平天下是不可能的；如果不分轻重本末，将重要的事忽略了，而将应该忽略的小事重视起来，想要达到治国平天下的目的，这样的事是没有的。这叫抓住了根本，这叫知识到达了顶点。

故事

寝门三朝

zhōu wén wáng jī chāng zuò shì zǐ gǔ
周文王姬昌做世子（古

dài dì wáng hé zhū hóu de ér zi zhōng què dìng jì
代帝王和诸侯的儿子中确定继

清人绘《历代帝王圣贤名臣大儒遗像》中的周文王画像

承王位或爵位者）的时候，对父亲王季格外孝敬，每天都要三次去给父亲请安。

天刚蒙蒙亮，姬昌就开始穿衣梳洗，整装完毕后，早早来到父亲卧室门前恭候。他先要询问服侍父亲的小臣：“我父亲今天是否安好？心情怎么样？”如果小臣回答：“很好。”那么姬昌就会非常高兴。到了中午，他还要去请安，晚上也是如此，没有一天不是这样的。作为一国之君，文王的行为成为百姓效仿的楷模，他也因此成为万世敬仰的圣君。

明焦竑著《养正图解》插图《寝门视膳》，描绘周文王在父亲卧室前查看饭食的场景

第二章

导读

本章引用《尚书》中的三句话来阐释“明明德”，说明“明德”是上天所赋、人之本有的美德，是必须要弘扬的。

原文

kāng gào yuē kè míng dé tài jiǎ yuē

《康诰》曰：“克明德。”《大甲》曰：

gù shì tiān zhī míng mìng dì diǎn yuē kè míng jùn

“顾諟天之明命。”《帝典》曰：“克明峻

dé jiē zì míng yě

德。”皆自明也。

释义

《尚书·康诰》说：“能够弘扬光明的品德。”《尚书·太甲》说：“常常想起上天赋予的光明美德。”《尚书·尧典》说：“能够弘扬崇高的品德。”这些都是说自己要弘扬光明正大的品德。

南宋马麟绘夏禹画像

故事

大禹治水

传说上古时期，洪水泛滥，百姓深受其苦。帝尧时，派大禹的父亲鲧去治水。鲧采用围堵的方法治水，不断筑堤堵水。结果由于方法不当，反而使洪水越来越大，鲧也因此被流放。

大禹后来接替父亲的职位，继续治水。他吸取父亲的教训，采取疏导的办法，凿山开河疏通水道，经过十三年苦战，最终治服洪水。其间，大禹处处为民先导，三过家门而不入，他公而忘私的精神，受到历代人的称赞。大禹治理洪水，不仅使当时民众受益，而且泽及后代。因此，舜把帝位传给了他。

清谢遂绘《大禹治水图》（局部）

第三章

导读

本章引用《盘铭》《尚书》和《诗经》中的话来阐释“新民”。“新民”既要求君主自新，也要求百姓自新；要求君主起到示范作用，激励百姓不断振作自新，追求达到至善的境界。

原文

tāng zhī pán míng yuē gǒu rì xīn rì rì xīn
汤之《盘铭》曰：“苟日新，日日新，
yòu rì xīn kāng gào yuē zuò xīn mín shī yuē
又日新。”《康诰》曰：“作新民。”《诗》曰：
zhōu suī jiù bāng qí mìng wéi xīn shì gù jūn zǐ wú suǒ bú
“周虽旧邦，其命维新。”是故君子无所不
yòng qí jí
用其极。

释义

成汤刻在浴盆上的警句说：“如果一天能够自新，就应该保持天天自新，新了还要更新。”《尚书·康诰》说：“激励人们弃旧图新。”《诗经·大雅·文王》说：“周朝虽然是个古老的国家，却禀受了革新的使命。”所以，君子凡事都追求达到至善的境界。

故事

周处自新

zhōu chǔ shì xī jìn shí rén　nián qīng shí píng jiè zì jǐ yǒu lì qi　huì wǔ
周处是西晋时人，年轻时凭借自己有力气，会武
yì　chēng bà yì fāng　hòu lái　yǒu rén gào su tā　běn dì yǒu　sān hài
艺，称霸一方。后来，有人告诉他，本地有“三害”
dāng dì hé li de jiāo lóng　nán shān de měng hǔ zài jiā shàng zhōu chǔ　bèi chēng
（当地河里的蛟龙、南山的猛虎再加上周处，被称
wéi　sān hài　zhōu chǔ wèi le biǎo xiàn zì jǐ de xiá yì　shàng shān dǎ sǐ
为“三害”）。周处为了表现自己的侠义，上山打死
měng hǔ　yòu dào hé zhōng yǔ jiāo lóng jìn xíng
猛虎，又到河中与蛟龙进行
shū sǐ bó dòu　zuì hòu jiāo lóng bèi shā sǐ
殊死搏斗。最后蛟龙被杀死，
zhōu chǔ yě fù le shāng　rén men yǐ wéi zhōu
周处也负了伤。人们以为周
chǔ sǐ le　suǒ yǐ pāi shǒu chēng kuài　rèn
处死了，所以拍手称快，认
wéi　sān hài　dōu bèi chú diào le
为“三害”都被除掉了。

zhōu chǔ jiàn xiāng qīn men dōu pàn zhe tā
周处见乡亲们都盼着他
sǐ　cái zhī dào zì jǐ yǐ qián què shí zuò de fēi
死，才知道自己以前确实做得非
cháng guò fèn　jué dìng gǎi guò zì xīn　hòu lái
常过分，决定改过自新。后来，
zhōu chǔ gēn suí míng shì lù jī　lù yún xué xí
周处跟随名士陆机、陆云学习，
zhú jiàn gǎi diào è xí　bìng qiě hái zuò le jiāng
逐渐改掉恶习，并且还做了将
jūn　chéng wéi guó jiā de yǒu yòng zhī cái
军，成为国家的有用之材。

近代马骀绘《周处斩蛟》，讲述周处在长桥搏杀蛟龙的故事

第四章

导读

本章引用《诗经》和孔子的话来阐释“止于至善”。首先三次引用《诗经》，说明“止”的重要性和必要性；随后提出五条重要人伦准则：君仁、臣敬、子孝、父慈、交信；最后鼓励君子要不断进行自我修养，提升道德品质，力争达到至善的境界。

原文

shī yún bāng jī qiān lǐ wéi mín suǒ zhǐ
《诗》云：“邦畿千里，惟民所止。”
shī yún mín mán huáng niǎo zhǐ yú qiū yú zǐ
《诗》云：“缗蛮黄鸟，止于丘隅。”子
yuē yú zhǐ zhī qí suǒ zhǐ kě yǐ rén ér bù rú niǎo
曰：“于止，知其所止，可以人而不如鸟
hū shī yún mù mù wén wáng wū jī xī jìng
乎？”《诗》云：“穆穆文王，於缉熙敬
zhǐ wéi rén jūn zhǐ yú rén wéi rén chén zhǐ yú jìng
止！”为人君，止于仁；为人臣，止于敬；
wéi rén zǐ zhǐ yú xiào wéi rén fù zhǐ yú cí yǔ guó rén
为人子，止于孝；为人父，止于慈；与国人
jiāo zhǐ yú xìn
交，止于信。

释义

《诗经·商颂·玄鸟》说：“京城及其周围方圆千里，都是百姓居住的地方。”《诗经·小雅·绵蛮》说：“细声鸣叫的黄鸟，栖息在山丘的一角。”孔子说：“连黄鸟都知道它该栖息的地方，难道人还不如一只鸟儿吗？”《诗经·大雅·文王》说：“品德高尚的文王啊，为人光明磊落，做事庄重谨慎，始终受到百姓的敬重。”做国君的，要做到仁爱百姓；做臣子的，要做到尊敬君主；做子女的，要做到孝顺父母；做父亲的，要做到慈爱子女；与他人交往，要做到诚实有信。

故事

亲涤溺器

黄庭坚是北宋诗人、书法家，出于苏轼门下，与苏轼齐名，世称“苏黄”。

黄庭坚生性孝顺，虽然身份显贵，但侍奉母亲始终尽心竭力，极尽

清王素绘《二十四孝图》之《黄庭坚亲涤溺器》

清人绘《历代帝王圣贤名臣大儒遗像》中的黄庭坚画像

诚意。按理说，家中婢女很多，料理母亲的生活自然不用他动手。但是每天下朝后，黄庭坚都要先去探望母亲，亲自侍茶奉水。最难得的是，每天晚上他都要亲自为母亲洗刷便盆，从来不借助他人之手，春夏秋冬从不间断。苏轼在向朝廷推荐黄庭坚的文章中，称黄庭坚“瑰奇之文，绝妙当世。孝友之行，追配古人”，对他给予很高的评价。

明仇英绘《二十四孝图页》之《亲涤溺器》

原文

shī yún zhān bǐ qí yù lù zhú yī yī yǒu fěi
《诗》云：“瞻彼淇澳，菉竹猗猗。有斐
jūn zǐ rú qiē rú cuō rú zhuó rú mó sè xī xiàn xī hè
君子，如切如磋，如琢如磨。瑟兮僩兮，赫
xī xuān xī yǒu fěi jūn zǐ zhōng bù kě xuān xī rú qiē
兮喧兮。有斐君子，终不可諠兮！”“如切
rú cuō zhě dào xué yě rú zhuó rú mó zhě zì xiū
如磋”者，道学也；“如琢如磨”者，自修
yě sè xī xiàn xī zhě xún lì yě hè xī xuān xī
也；“瑟兮僩兮”者，恂慄也；“赫兮喧兮”
zhě wēi yí yě yǒu fěi jūn zǐ zhōng bù kě xuān xī
者，威仪也；“有斐君子，终不可諠兮”
zhě dào shèng dé zhì shàn mín zhī bù néng wàng yě
者，道盛德至善，民之不能忘也。

释义

《诗经·卫风·淇澳》说：“看那淇水弯曲的岸边，嫩绿的竹子茂密葱郁。有一位文质彬彬的君子，研究学问如同加工骨器，不断切磋；省察自己如同打磨美玉，反复琢磨。他态度庄重，模样威严，光明磊落，襟怀坦荡。这样一位文质彬彬的君子，真是令人难忘啊！”这里所说的“如同加工骨器，不断切磋”，是指君子研究学问的态度；这里所说的“如同打磨美玉，反复琢磨”，是指君子自我修养的精神；说他“态度庄重，模样威严”，是指他内心谨慎而有所戒惧；说他“光明磊落，襟怀坦荡”，是指他模样威严，使人尊敬；说他“这样一位文质彬彬的君子，真是令人难忘啊”，是指由于他品德高尚，达到了至善至美的境界，所以让人难以忘怀。

胸有成竹

wén tóng zì yǔ kě hào xiào xiào xiān sheng shì běi sòng shí huà jiā
文同，字与可，号“笑笑先生”，是北宋时画家、
shī rén tā shàn cháng huà zhú gēn tā xué xí de rén hěn duō yǒu hú zhōu
诗人。他擅长画竹，跟他学习的人很多，有“湖州
zhú pài zhī chēng wèi le huà hǎo zhú zi wén tóng zài yuàn zi fù jìn zhòng le hěn
竹派”之称。为了画好竹子，文同在院子附近种了很
duō zhú zi xì xīn guān chá zhú zi zài bù tóng jì jié bù tóng qì hòu xià de biàn
多竹子，细心观察竹子在不同季节、不同气候下的变
huà duì zhú zi de gè zhǒng zī tài liǎo rú zhǐ zhǎng
化，对竹子的各种姿态了如指掌。
suǒ yǐ dāng tā dòng bǐ zuò huà shí wǎng wǎng shì yì
所以当他动笔作画时，往往是一
huī ér jiù qiě xíng shén jiān bèi
挥而就，且形神兼备。

wén tóng huà zhú zi de jīng yàn shǐ sū shì shēn
文同画竹子的经验使苏轼深
shòu qǐ fā sū shì rèn wéi huà zhú zi xū xiān zǐ
受启发。苏轼认为，画竹子须先仔
xì guān chá zài xiōng zhōng xíng chéng zhú zi de xíng
细观察，在胸中形成竹子的形
tài huà jiā cháo bǔ zhī zhè yàng píng jià wén tóng yǔ
态。画家晁补之这样评价文同：“与
kě huà zhú shí xiōng zhōng yǒu chéng zhú yì si
可画竹时，胸中有成竹。”意思
shì shuō wén tóng zài huà zhú zi shí wán měi de zhú
是说，文同在画竹子时，完美的竹
zi xíng xiàng zǎo jiù zài tā de xīn lǐ gòu sī hǎo le
子形象早就在他的心里构思好了。

宋文同款《墨竹图》

原文

shī yún wū hū qián wáng bú wàng jūn zǐ
《诗》云："於戏！前王不忘。"君子
xián qí xián ér qīn qí qīn xiǎo rén lè qí lè ér lì qí lì cǐ
贤其贤而亲其亲，小人乐其乐而利其利，此
yǐ mò shì bú wàng yě
以没世不忘也。

释义

《诗经·周颂·烈文》说："啊！前代的君王真使人难忘啊！"因为后世的贤君以前代的君王为榜样，尊敬贤人，亲近亲族，百姓也都蒙受恩泽，享受安乐，获得利益。所以，即使前代的君王已经去世，人们还是永远不会忘记他们的。

故事

文景之治

xī hàn wén dì hé ér zi jǐng dì zài
西汉文帝和儿子景帝在
wèi qī jiān zhòng shì nóng yè shēng chǎn
位期间，重视农业生产，
shí xíng qīng yáo bó fù zhèng cè wén dì
实行轻徭薄赋政策。文帝
shí tián zū yóu shí wǔ shuì yī jiǎn wéi sān shí
时田租由十五税一减为三十

清人绘《历代帝王圣贤名臣大儒遗像》中的汉景帝画像

税一，景帝则把三十税一作为定制。人头税由每人每年120钱减为40钱，徭役也由一年服一个月减为三年服一个月。他们还尽量减少土木工程，生活上注重节俭。同时，吸取秦朝严刑峻法引起社会动乱的教训，任用宽厚廉洁的官吏，并废除连坐、肉刑等酷法。

经过近四十年的休养生息，当时土地开辟，人口增加，出现了社会安定，政治清明，经济繁荣的局面，国家政治经济实力大为增强，史称“文景之治”。

明仇英绘《帝王道统万年图册》之一，讲述汉文帝以农为本，亲自参加籍田之礼的故事

第五章

导读

本章引用孔子的话来阐释“本末”，说明“听讼”是末，“明德”是本。认为只要弘扬德行，百姓自然会产生敬畏之心，诉讼也会自然消除，由此便可知道事情的根本了。

原文

zǐ yuē tīng sòng wú yóu rén yě bì yě shǐ wú sòng
子曰：“听讼，吾犹人也，必也使无讼
hū wú qíng zhě bù dé jìn qí cí dà wèi mín zhì cǐ wèi
乎！”无情者不得尽其辞，大畏民志，此谓
zhī běn
知本。

释义

孔子说：“审理案件，我和别人是一样的，目的在于使诉讼不再发生。”要使那些奸诈不实的人不敢再花言巧语，使百姓内心感到敬畏，这就叫作抓住了根本。

明人绘孔子为鲁司寇像

故事

孔子听讼

chūn qiū shí kǒng zǐ céng dān rèn lǔ guó sī kòu
春秋时，孔子曾担任鲁国司寇。

dāng shí　yí duì fù zǐ dǎ guān si　bèi kǒng zǐ jū liú　sān gè yuè guò hòu
当时，一对父子打官司，被孔子拘留，三个月过后，
yě bù shěn pàn　zuì hòu fù qīn tí chū bú zài hé ér zi dǎ guān si　kǒng zǐ
也不审判。最后父亲提出不再和儿子打官司，孔子
biàn shì fàng le tā men　zhí zhèng de jì sūn shì tīng shuō hòu hěn bù gāo xìng　rèn
便释放了他们。执政的季孙氏听说后很不高兴，认
wéi kǒng zǐ yīng gāi shā diào ér zi lái jǐng gào nà xiē bú xiào de rén　ér bú shì shì
为孔子应该杀掉儿子来警告那些不孝的人，而不是释
fàng tā men
放他们。

rǎn qiú jiāng cǐ shì gào su kǒng zǐ　kǒng zǐ gǎn kǎi de shuō　xiàn zài
冉求将此事告诉孔子，孔子感慨地说：“现在
de tǒng zhì zhě rǎo luàn jiào huà　zēng jiā xíng fá　shǐ bǎi xìng mí huò ér duò luò
的统治者扰乱教化，增加刑罚，使百姓迷惑而堕落，
rán hòu zài qù zhì cái tā men　jié guǒ shǐ xíng fá yuè lái yuè duō　zhì xù què
然后再去制裁他们，结果使刑罚越来越多，秩序却
yuè lái yuè luàn　zhǐ yǒu shī xíng jiào huà　jiǎn shǎo shā lù　bǎi xìng cái huì shùn
越来越乱。只有施行教化，减少杀戮，百姓才会顺
fú　yóu yú kǒng zǐ zhù zhòng dào dé jiào huà　lǔ guó xíng chéng le fù cí zǐ xiào
服。”由于孔子注重道德教化，鲁国形成了父慈子孝
de shè huì fēng qì
的社会风气。

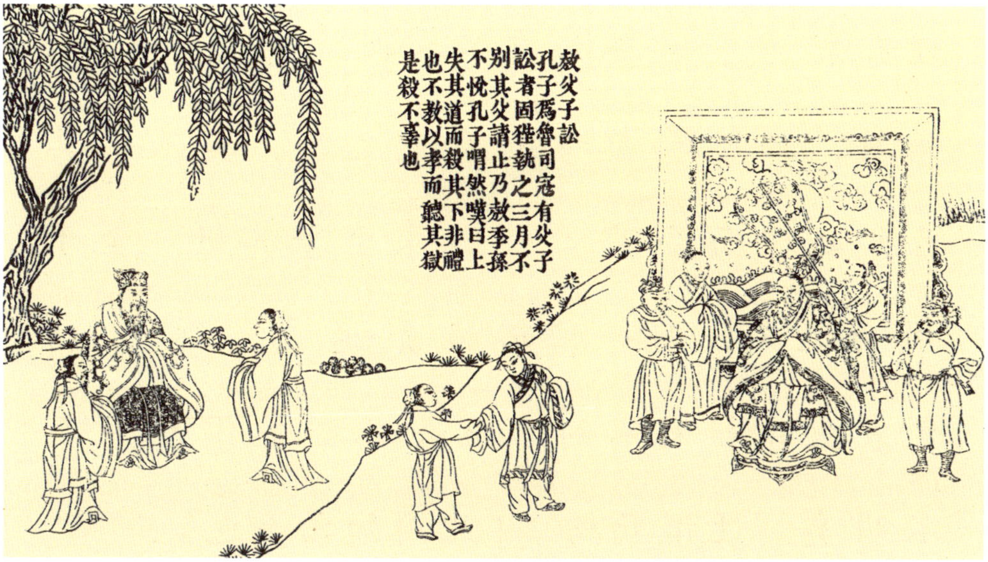

清刻本《孔子圣迹图》之《赦父子讼》，讲述孔子任鲁国司寇期间，审理父子诉讼案件的故事

第六章

导读

本章方括号内的文字为朱熹作的“补传”，是朱熹对“格物致知”的解释和发挥，并非《大学》的原文。历史上，有人认为这段补写是多余的，但不可否认，朱熹的补传推理严密，有助于我们对《大学》精神的理解。

原文

cǐ wèi zhī běn suǒ wèi zhì zhī zài gé wù zhě yán
（此谓知本。）[所谓致知在格物者，言
yù zhì wú zhī zhī zài jí wù ér qióng qí lǐ yě gài rén xīn
欲致吾之知，在即物而穷其理也。盖人心
zhī líng mò bù yǒu zhī ér tiān xià zhī wù mò bù yǒu lǐ wéi yú
之灵莫不有知，而天下之物莫不有理，惟于
lǐ yǒu wèi qióng gù qí zhī yǒu bú jìn yě shì yǐ dà xué
理有未穷，故其知有不尽也。是以《大学》
shǐ jiào bì shǐ xué zhě jí fán tiān xià zhī wù mò bù yīn qí
始教，必使学者即凡天下之物，莫不因其
yǐ zhī zhī lǐ ér yì qióng zhī yǐ qiú zhì hū qí jí zhì yú
已知之理而益穷之，以求至乎其极。至于
yòng lì zhī jiǔ ér yí dàn huò rán guàn tōng yān zé zhòng wù
用力之久，而一旦豁然贯通焉，则众物
zhī biǎo lǐ jīng cū wú bú dào ér wú xīn zhī quán tǐ dà yòng wú
之表里精粗无不到，而吾心之全体大用无
bù míng yǐ cǐ wèi wù gé cǐ wèi zhī zhī zhì yě
不明矣。此谓物格。]此谓知之至也。

释义

（这就叫作抓住了根本。）[所谓获得知识的途径在于探究事物的道理，说的是要想获得知识，就必须接触事物，并穷尽它的道理。人心是有灵性的，都具有认知能力，而天下的事物都包含着各自的道理，只不过有些道理还没有穷尽，所以人们的认识就显得很有局限。因此，《大学》一开始就教学习者接触天下万事万物，用自己已有的知识去进一步探究，争取达到认知的极限，穷尽万物所有的道理。经过长期用功，总有一天会豁然贯通，到那时，万事万物的外表与内涵、微观与宏观，都被认识得清清楚楚，而自己的认知能力也得到淋漓尽致的发挥，不再有闭塞的地方。这就叫作事物的道理得以探究。]这就叫知识达到了顶点。

故事

西门豹治邺

zhàn guó chū nián wèi wén hóu pài xī mén
战国初年，魏文侯派西门
bào dào yè chéng jīn hé běi lín zhāng xiàn xī
豹到邺城（今河北临漳县西）
dān rèn xíng zhèng zhǎng guān xī mén bào dào le
担任行政长官。西门豹到了
yè chéng fā xiàn nà lǐ fēi cháng xiāo tiáo
邺城，发现那里非常萧条，
zhào jí dāng dì fù lǎo yí wèn cái zhī dào shì
召集当地父老一问，才知道是
xiāng shēn hé wū pó gōu jié gǎo hé bó qǔ
乡绅和巫婆勾结，搞河伯娶

清顾沅辑《古圣贤像传略》中的西门豹画像

fu de bǎ xì kēng hài bǎi xìng shǐ de zhè lǐ de bǎi xìng bèi jǐng lí xiāng xī
妇的把戏，坑害百姓，使得这里的百姓背井离乡。西
mén bào fēi cháng qì fèn jué xīn chéng zhì nà xiē xiāng shēn hé wū pó
门豹非常气愤，决心惩治那些乡绅和巫婆。

dào le tì hé bó qǔ xí fu de nà tiān xī mén bào shuài lǐng yì qún wǔ shì
到了替河伯娶媳妇的那天，西门豹率领一群武士
lái dào hé biān yǐ ràng wū pó hé xiāng shēn xiàng hé bó bào gào wéi míng jiāng tā
来到河边，以让巫婆和乡绅向河伯报告为名，将他
men rēng jìn hé li cóng cǐ
们扔进河里。从此
yǐ hòu yè chéng zài yě
以后，邺城再也
méi yǒu fā shēng guo wèi hé
没有发生过为河
bó qǔ xí fu de shì táo
伯娶媳妇的事，逃
dào wài dì de bǎi xìng fēn fēn
到外地的百姓纷纷
fǎn huí yè chéng wèi le
返回邺城。为了
fā zhǎn nóng yè xī mén
发展农业，西门
bào dài lǐng dāng dì bǎi xìng kāi
豹带领当地百姓开
záo le shí èr tiáo gōu qú
凿了十二条沟渠，
yǐn zhāng hé shuǐ guàn gài nóng
引漳河水灌溉农
tián bù jiǔ yè chéng
田。不久，邺城
jiù biàn chéng bǎi xìng ān jū
就变成百姓安居
lè yè de fán huá dì qū
乐业的繁华地区。

清绣像本《东周列国志》插图《西门豹乔送河伯妇》，讲述西门豹惩治以为河伯娶妇为名迫害百姓的女巫的故事

第七章

导读

本章解释“诚意”，提出了“慎独”的概念，认为“诚意”要求不自我欺骗，因此就要做好“慎独”的功夫。“独”强调的不是“独处”，而是“独知”。如果把握好“独知”，就可以慢慢“诚其意”了。

原文

suǒ wèi chéng qí yì zhě wú zì qī yě rú wù è xiù
所谓诚其意者，毋自欺也。如恶恶臭，
rú hào hǎo sè cǐ zhī wèi zì qiè gù jūn zǐ bì shèn qí dú
如好好色，此之谓自谦。故君子必慎其独
yě xiǎo rén xián jū wéi bú shàn wú suǒ bú zhì jiàn jūn zǐ
也！小人闲居为不善，无所不至，见君子
ér hòu yàn rán yǎn qí bú shàn ér zhù qí shàn rén zhī shì
而后厌然，掩其不善，而著其善。人之视
jǐ rú jiàn qí fèi gān rán zé hé yì yǐ cǐ wèi chéng yú
己，如见其肺肝然，则何益矣？此谓诚于
zhōng xíng yú wài gù jūn zǐ bì shèn qí dú yě
中，形于外。故君子必慎其独也。

释义

所说的使自己的意念真诚，就是不要自己欺骗自己。就像厌恶难闻的气味，就像喜爱美丽的女人一样，一切都发自内心，才能使自己心满意足。所以，君子哪怕是独处的时候也一定要小心谨慎。小人独处的时候做坏事，无所不为，一见到君子就躲躲闪闪，掩盖他的坏处，彰显他的好处。可是在别人看来，就像能看见你的心肺肝脏一样清楚，掩盖有什么用呢？这就叫作内心的真实一定会表现到外表上来。所以，君子哪怕是独处的时候也一定要小心谨慎。

故事

昏夜四知

yáng zhèn shì dōng hàn míng shì shào nián hào xué bó lǎn qún jīng rén chēng
杨震是东汉名士，少年好学，博览群经，人称
guān xī kǒng zǐ tā zuò guān
“关西孔子”。他做官
hòu wéi zhèng qīng lián cóng bù jiē
后，为政清廉，从不接
shòu bié rén de huì lù
受别人的贿赂。

yí cì yáng zhèn lù guò shān
一次，杨震路过山
dōng chāng yì tā de xué shēng wáng
东昌邑，他的学生王
mì zhèng zài zhè lǐ zuò xiàn lìng wǎn
密正在这里做县令。晚
shang wáng mì bài jiàn yáng zhèn
上，王密拜见杨震，
sòng shàng shí jīn huáng jīn yáng
送上十斤黄金。杨
zhèn shuō wǒ lǐ jiě nǐ de xīn
震说：“我理解你的心

清人绘《历代名臣像解》中的杨震画像

qíng nǐ zěn me jiù bù lǐ jiě wǒ ne tā jiān jué bú yào wáng mì shuō
情，你怎么就不理解我呢？”他坚决不要。王密说：
ēn shī fàng xīn shōu xià ba yè shēn rén jìng shì méi yǒu rén huì zhī dào zhè jiàn
“恩师放心收下吧，夜深人静，是没有人会知道这件
shì de yáng zhèn shēng qì de shuō tiān zhī dào dì zhī dào nǐ zhī dào wǒ zhī dào zěn me shuō méi yǒu rén zhī dào ne wáng mì tīng hòu shí fēn cán kuì dài zhe huáng jīn lí kāi le cóng cǐ rén men dōu zhī dào yáng zhèn shì yí gè qīng lián wú sī de rén le
事的。”杨震生气地说：“天知道，地知道，你知道，我知道，怎么说没有人知道呢？”王密听后十分惭愧，带着黄金离开了。从此，人们都知道杨震是一个清廉无私的人了。

清梁延年辑《圣谕像解》插图《暮夜却金》，描绘杨震拒收王密所送黄金的场景

原文

zēng zǐ yuē shí mù suǒ shì shí shǒu suǒ zhǐ qí yán
曾子曰："十目所视，十手所指，其严
hū fù rùn wū dé rùn shēn xīn guǎng tǐ pán gù jūn
乎！"富润屋，德润身，心广体胖，故君
zǐ bì chéng qí yì
子必诚其意。

释义

曾子说："大家的眼睛都看着你，大家的手都指着你，这难道不令人畏惧吗？"财富可以装饰房屋，品德可以修养身心，心胸宽广，身体才安乐舒适。所以，君子一定要使自己的意念真诚。

故事

叔向贺贫

chūn qiū shí hán qǐ bèi rèn mìng wéi jìn guó
春秋时，韩起被任命为晋国
de zhèng qīng tā wèi zì jǐ yǒu zhèng qīng zhī míng
的正卿，他为自己有正卿之名
què wú xiāng yìng de cái chǎn ér yōu lǜ tài fù shū
却无相应的财产而忧虑，太傅叔
xiàng fǎn ér xiàng tā zhù hè
向反而向他祝贺。
hán qǐ yí huò bù jiě shū xiàng jiě shì shuō
韩起疑惑不解，叔向解释说：

战国栾书铜缶，此器为晋国栾书（栾武子）子孙为祭祀祖先而作

cóng qián luán wǔ zǐ jìn guó liǎng cháo zhèng qīng méi yǒu bǎi qǐng de shí yì
“从前栾武子（晋国两朝正卿）没有百顷的食邑，
què fā yáng dé xíng cóng ér shǐ zhū hóu qīn jìn wài zú guī fù jìn guó dà
却发扬德行，从而使诸侯亲近，外族归附，晋国大
zhì ér xì zhāo zǐ cái chǎn dǐ de shàng jìn guó gōng shì de yí bàn bīng fù dǐ
治。而郤昭子财产抵得上晋国公室的一半，兵赋抵
de shàng jìn guó jūn duì de yí bàn zài jìn guó bù kě yí shì zuì zhōng què luò de chén shī shì zhòng de xià chǎng jiù shì yīn wèi tā méi yǒu dé xíng a rú jīn nǐ yǒu luán wǔ zǐ de qīng pín wǒ yǐ wéi nǐ yě néng yǒu tā nà yàng de dé xíng suǒ yǐ xiàng nǐ zhù hè hán qǐ tīng hòu bú zhù de diǎn tóu chēng shì
得上晋国军队的一半，在晋国不可一世，最终却落得陈尸示众的下场，就是因为他没有德行啊。如今你有栾武子的清贫，我以为你也能有他那样的德行，所以向你祝贺。”韩起听后，不住地点头称是。

明焦竑撰《养正图解》插图《因乐求贤》，讲述晋悼公与司马侯登台赏景，司马侯怕晋悼公因游玩忘掉德义，劝他任用贤人，因此起用叔向的故事

第八章

导读

本章解释“正心修身”，意在阐明修身的关键在于正心，并且从反面说明何以“修身在正其心”。具体地说，人如果受到愤怒、恐惧、好乐、忧患等情绪、心态的影响，就不能正其心。

原文

suǒ wèi xiū shēn zài zhèng qí xīn zhě shēn yǒu suǒ fèn zhì
所谓修身在正其心者：身有所忿懥，
zé bù dé qí zhèng yǒu suǒ kǒng jù zé bù dé qí zhèng yǒu
则不得其正；有所恐惧，则不得其正；有
suǒ hào lè zé bù dé qí zhèng yǒu suǒ yōu huàn zé bù dé
所好乐，则不得其正；有所忧患，则不得
qí zhèng xīn bú zài yān shì ér bú jiàn tīng ér bù wén
其正。心不在焉，视而不见，听而不闻，
shí ér bù zhī qí wèi cǐ wèi xiū shēn zài zhèng qí xīn
食而不知其味。此谓修身在正其心。

释义

之所以说修养自身的品行必须先端正自己的心思，是因为心里有愤怒，心思就不能端正；心里有恐惧，心思就不能端正；心里有偏好，心思就不能端正；心里有忧虑，心思就不能端正。如果心思不在应在的地方，虽然眼睛在看，却像没有看见一样；虽然耳朵在听，却像没有听见一样；虽然嘴里在吃东西，却品尝不出什么滋味。这就是所说的修养自身的品行必须先端正自己的心思。

故事

二子学弈

cóng qián yǒu yí gè míng jiào qiū de xià qí míng shǒu qí yì fēi cháng gāo
从前，有一个名叫秋的下棋名手，棋艺非常高
chāo tā yǒu liǎng gè xué shēng yì qǐ gēn tā xué xí xià qí qí zhōng yí gè xué
超。他有两个学生，一起跟他学习下棋。其中一个学
shēng fēi cháng zhuān xīn xià qí shí jīng shén jí zhōng ér lìng yí gè xué shēng què
生非常专心，下棋时精神集中。而另一个学生却
bú zhè yàng tā rèn wéi xià qí hěn róng yì yòng bu zháo nà yàng rèn zhēn lǎo shī
不这样，他认为下棋很容易，用不着那样认真，老师
jiǎng jiě de shí hou tā suī rán yě zuò zài nà lǐ yǎn jing yě hǎo xiàng zài kàn qí
讲解的时候，他虽然也坐在那里，眼睛也好像在看棋
zǐ kě shì xīn lǐ què xiǎng zhe xiàn zài tiān kōng zhōng zhèng fēi zhe hóng yàn wǒ
子，可是心里却想着：现在天空中正飞着鸿雁，我
lā gōng dā jiàn bǎ tā shè xià lái měi cān yí dùn duō hǎo wa yīn wèi tā zhè yàng
拉弓搭箭把它射下来，美餐一顿多好哇！因为他这样
hú sī luàn xiǎng suǒ yǐ lǎo shī de jiǎng jiě yì diǎn er yě méi tīng jìn qù
胡思乱想，所以老师的讲解一点儿也没听进去。

jié guǒ suī rán liǎng gè xué shēng zài yì qǐ xué xí yòu shì tóng yí gè lǎo shī jiāo shòu rán ér yí gè chéng wéi qí yì gāo chāo de míng shǒu lìng yí gè què yì wú suǒ chéng
结果，虽然两个学生在一起学习，又是同一个老师教授，然而一个成为棋艺高超的名手，另一个却一无所成。

北宋李成绘《松下对弈图》

第九章

导读

本章解释“修身齐家”，重点阐述人易受情感好恶的控制，容易产生偏见。因此，致力于大学之道的君子要尽量避免个人狭隘情感带来的偏见，这样才能较为客观地处理人际关系，进而达到“齐家”的目的。

原文

suǒ wèi qí qí jiā zài xiū qí shēn zhě rén zhī qí suǒ qīn ài
所谓齐其家在修其身者：人之其所亲爱
ér pì yān zhī qí suǒ jiàn wù ér pì yān zhī qí suǒ wèi jìng ér
而辟焉，之其所贱恶而辟焉，之其所畏敬而
pì yān zhī qí suǒ āi jīn ér pì yān zhī qí suǒ ào duò ér pì
辟焉，之其所哀矜而辟焉，之其所敖惰而辟
yān gù hào ér zhī qí è wù ér zhī qí měi zhě tiān xià xiǎn
焉。故好而知其恶，恶而知其美者，天下鲜
yǐ gù yàn yǒu zhī yuē rén mò zhī qí zǐ zhī è mò zhī
矣！故谚有之曰：“人莫知其子之恶，莫知
qí miáo zhī shuò cǐ wèi shēn bù xiū bù kě yǐ qí qí jiā
其苗之硕。”此谓身不修不可以齐其家。

释义

之所以说管理好家庭先要修养自身的品行，是因为人们对于所喜爱的人会有偏爱，对于所厌恶的人会有偏恨，对于所敬畏的人会有偏向，对于所同情的人会有偏心，对于所轻视的人会有偏见。因此，喜爱一个人又能看到他的缺点，厌恶一个人又能看到他的优点，这种人天下是很少见的。所以有谚语说："人都不知道自己孩子的缺点，人都不满足自己庄稼的茂盛。"这就是不修养自身的品行，就管理不好家庭的道理。

故事

邹忌讽齐王纳谏

zhàn guó shí， zōu jì
战国时，邹忌
rèn qí guó xiàng guó。 tā kàn
任齐国相国。他看
dào yì xiē dà chén ē yú fèng
到一些大臣阿谀奉
cheng， jiù quàn jiàn qí wēi wáng
承，就劝谏齐威王
guǎng kāi yán lù。
广开言路。
zōu jì shuō："wǒ céng
邹忌说："我曾
wèn guo qī zi、 shì qiè hé
问过妻子、侍妾和
kè rén， wǒ yǔ chéng běi de
客人，我与城北的
xú gōng xiāng bǐ shéi měi？ yóu
徐公相比谁美？由
yú qī zi piān ài wǒ， shì
于妻子偏爱我，侍
qiè jù pà wǒ， kè rén yǒu
妾惧怕我，客人有
qiú yú wǒ， suǒ yǐ dōu shuō
求于我，所以都说

明焦竑撰《养正图解》插图《旌贤去奸》，讲述齐威王表彰贤人、摒除奸佞、励精图治的故事

wǒ bǐ xú gōng měi kě dāng wǒ jiàn dào xú gōng hòu fā xiàn zì jǐ bù rú
我比徐公美。可当我见到徐公后，发现自己不如
xú gōng měi zhè cái zhī dào tā men dōu méi yǒu shuō zhēn huà rú jīn qí guó
徐公美，这才知道他们都没有说真话。如今齐国
dì guǎng qiān lǐ dà wáng rú guǒ bù néng kāi chéng bù gōng de zhēng qiú yì
地广千里，大王如果不能开诚布公地征求意
jiàn yòu néng tīng
见，又能听
dào duō shao duì guó
到多少对国
jiā yǒu yì de shí
家有益的实
huà ne
话呢？”

qí wēi wáng
齐威王
rèn wéi zōu jì shuō
认为邹忌说
de yǒu dào lǐ
得有道理，
biàn xià lìng jiǎng shǎng
便下令奖赏
zhǐ chū guó jūn guò
指出国君过
shī hé xiàng cháo tíng
失和向朝廷
tí yì jiàn de rén
提意见的人，
yì shí jiān qún chén
一时间群臣
zhēng xiāng jìn jiàn
争相进谏，
gōng tíng nèi wài mén
宫廷内外门
tíng ruò shì
庭若市。

清吴历绘《人物故事画册》之一，根据《史记·滑稽列传》所载，描绘战国时淳于髡劝谏齐威王不要长夜饮乐、不治朝政的故事

第十章

导读

本章解释“齐家治国”。首先论述治家和治国的一致性，提出孝、悌、慈道德三原则从治家到治国的作用；同时强调君主的表率作用，阐述上行下效的道理，要求君主重视自身的道德修养；最后三次引用《诗经》，进一步阐明“治国在齐家”的道理。

原文

suǒ wèi zhì guó bì xiān qí qí jiā zhě qí jiā bù kě jiào
所谓治国必先齐其家者：其家不可教
ér néng jiào rén zhě wú zhī gù jūn zǐ bù chū jiā ér chéng
而能教人者，无之。故君子不出家而成
jiào yú guó xiào zhě suǒ yǐ shì jūn yě tì zhě suǒ yǐ shì
教于国。孝者，所以事君也；弟者，所以事
zhǎng yě cí zhě suǒ yǐ shǐ zhòng yě kāng gào yuē
长也；慈者，所以使众也。《康诰》曰：
rú bǎo chì zǐ xīn chéng qiú zhī suī bú zhòng bù yuǎn
“如保赤子。”心诚求之，虽不中，不远
yǐ wèi yǒu xué yǎng zǐ ér hòu jià zhě yě
矣。未有学养子而后嫁者也。

释义

之所以说要治理好国家，必须先管理好自己的家庭，是因为不能管教好家人而能管教好别人，是从来没有的事。所以，君子不出家门，就可以教化好国民。对父母孝顺，同样可以用于侍奉君主；对兄长恭敬，同样可以用于侍奉尊长；对子女慈爱，同样可以用于善待民众。《尚书·康诰》说：“爱护百姓，就如同爱护婴儿一样。”内心真诚地追求对百姓的爱护，即使达不到目标，也不会相差太远。从来没有哪个女人先学会养育孩子再去嫁人的啊！

故事

赵威后问齐使

战国时，齐襄王派使者出访赵国。当时，赵孝成王年幼，其母赵威后主持朝政。赵威后见到齐国使者，问道：“齐国今年的收成还好吧？百姓安乐吧？齐王身体还好吧？”齐国使者见她这样问，不高兴地说：“在下奉国君之命，特地来拜访您，而您却先问百姓之事，最后才问

战国《人物龙凤帛画》

战国青铜错金银牛形尊

hòu qí wáng nán dào néng bǎ bēi jiàn
候齐王，难道能把卑贱
de fàng zài zūn guì de qián miàn ma
的放在尊贵的前面吗？”
zhào wēi hòu cóng róng de dá
赵威后从容地答
dào bú shì zhè yàng de rú guǒ
道：“不是这样的。如果
méi yǒu shōu cheng bǎi xìng kào shén
没有收成，百姓靠什
me shēng huó rú guǒ méi yǒu bǎi
么生活？如果没有百
xìng zěn me néng yǒu guó jūn suǒ
姓，怎么能有国君？所
yǐ wǒ cái yǒu zhè yàng de wèn hòu cì xù nǎ yǒu piē kāi gēn běn ér xiān wèn zhī jié
以我才有这样的问候次序，哪有撇开根本而先问枝节
de dào lǐ qí guó shǐ zhě tīng hòu diǎn tóu rèn kě
的道理？”齐国使者听后点头认可。

清代年画《士农工商》，表现春秋战国时代就已定型的古代职业

原文

yì jiā rén yì guó xīng rén yì jiā ràng yì guó xīng
一家仁，一国兴仁；一家让，一国兴
ràng yì rén tān lì yì guó zuò luàn qí jī rú cǐ cǐ
让；一人贪戾，一国作乱。其机如此。此
wèi yì yán fèn shì yì rén dìng guó yáo shùn shuài tiān xià yǐ
谓一言偾事，一人定国。尧、舜率天下以
rén ér mín cóng zhī jié zhòu shuài tiān xià yǐ bào ér mín
仁，而民从之；桀、纣率天下以暴，而民
cóng zhī qí suǒ lìng fǎn qí suǒ hào ér mín bù cóng shì gù
从之。其所令反其所好，而民不从。是故
jūn zǐ yǒu zhū jǐ ér hòu qiú zhū rén wú zhū jǐ ér hòu fēi
君子有诸己，而后求诸人；无诸己，而后非
zhū rén suǒ cáng hū shēn bú shù ér néng yù zhū rén zhě wèi
诸人。所藏乎身不恕，而能喻诸人者，未
zhī yǒu yě gù zhì guó zài qí qí jiā
之有也。故治国在齐其家。

释义

国君一家仁爱，一国也会兴起仁爱；国君一家礼让，一国也会兴起礼让；国君一人贪婪暴戾，一国就会犯上作乱。它们之间的关系就是这样紧密。这就是说一句话可以败坏大事，一个人可以安定国家。尧、舜用仁爱统治天下，百姓就跟着他们实行仁爱；桀、纣用凶暴统治天下，百姓就跟着他们变得凶暴。如果国君的命令与他们的实际做法相反，百姓是不会服从的。所以，君子总是自己先行善，然后才要求别人行善；自己先不作恶，然后才要求别人不作恶。如果自己不奉行这种推己及人的恕道，而想让别人按自己的意思去做，那是不可能的。所以，要治理好国家，必须先管理好自己的家庭。

尧舜禅让

zài yuán shǐ shè huì mò qī bù luò lián méng zhōng de quán lì jì chéng cǎi qǔ
在原始社会末期，部落联盟中的权力继承采取
de shì yì zhǒng mín zhǔ tuī xuǎn fāng shì bèi chēng wéi shàn ràng zhì yáo wǎn
的是一种民主推选方式，被称为“禅让制”。尧晚
nián de shí hou zài bù luò lián méng huì yì shang tí chū le quán lì jì chéng wèn tí
年的时候，在部落联盟会议上提出了权力继承问题，
yǒu rén tí yì chuán wèi gěi tā de ér zi dān zhū dàn yáo rèn wéi dān zhū pǐn dé bù
有人提议传位给他的儿子丹朱，但尧认为丹朱品德不
hǎo yǔ yǐ fǒu jué jīng guò gè fāng bù luò de shāng dìng zuì hòu tuī xuǎn dé cái
好，予以否决。经过各方部落的商定，最后推选德才
jiān bèi de shùn zuò yáo de zhù shǒu bìng zài
兼备的舜做尧的助手，并在
yáo sǐ hòu jì rèn bù luò lián méng shǒu lǐng
尧死后继任部落联盟首领。

shùn shǒu lǐ zhòng jiào yǐ xiào xíng míng
舜守礼重教，以孝行名
wén tiān xià rèn yáo de zhù shǒu shí wèi zhì
闻天下。任尧的助手时，为治
lǐ hóng shuǐ zāi hài liú fàng le zhì shuǐ bú
理洪水灾害，流放了治水不
lì de gǔn bìng xiàng yáo tuī jiàn gǔn de ér
力的鲧，并向尧推荐鲧的儿
zi yǔ zhì lǐ hóng shuǐ yǔ xī qǔ fù qīn
子禹治理洪水。禹吸取父亲

清人绘《历代帝王圣贤名臣大儒遗像》中的帝尧画像

zhì shuǐ shī bài de jiào xùn cǎi yòng shū dǎo de bàn fǎ lì jīng shí sān nián zuì
治水失败的教训，采用疏导的办法，历经十三年，最
zhōng qǔ dé zhì shuǐ de chéng gōng yǔ yīn cǐ bèi tuī jǔ wéi shùn de jì chéng rén
终取得治水的成功，禹因此被推举为舜的继承人。
yáo shùn tuī xíng de shàn ràng zhì wéi lì dài suǒ chēng sòng tā men bèi hòu rén zūn
尧、舜推行的禅让制为历代所称颂，他们被后人尊
wéi lǐ xiǎng huà de xián dé zhī rén
为理想化的贤德之人。

清彩绘本《帝鉴图说》插图《任贤图治》，讲述帝尧任命羲氏、和氏兄弟，举荐舜为接班人的故事

原文

shī yún táo zhī yāo yāo qí yè zhēn zhēn zhī zǐ
《诗》云：“桃之夭夭，其叶蓁蓁。之子
yú guī yí qí jiā rén yí qí jiā rén ér hòu kě yǐ jiào
于归，宜其家人。”宜其家人，而后可以教
guó rén shī yún yí xiōng yí dì yí xiōng yí dì
国人。《诗》云：“宜兄宜弟。”宜兄宜弟，
ér hòu kě yǐ jiào guó rén shī yún qí yí bú tè
而后可以教国人。《诗》云：“其仪不忒，
zhèng shì sì guó qí wéi fù zǐ xiōng dì zú fǎ ér hòu mín
正是四国。”其为父子兄弟足法，而后民
fǎ zhī yě cǐ wèi zhì guó zài qí qí jiā
法之也。此谓治国在齐其家。

释义

《诗经·周南·桃夭》说：“桃花开得鲜艳美丽，树叶长得葱茏茂盛，这个姑娘就要出嫁了，一定会让全家人都和睦。”只有让全家人都和睦相处，才能让一国的人都和睦相处。《诗经·小雅·蓼萧》说：“兄弟和睦。”只有兄弟和睦相处，才能让一国的人都和睦相处。《诗经·曹风·鸤鸠》说：“他的行为举止没有差错，可以成为各国的表率。”一个人无论是作为父亲、儿子，还是兄长、弟弟都值得人们效法时，百姓才会去效法他。这就是要治理好国家，必须先管理好自己家庭的道理。

乐羊子妻

乐羊子的妻子是汉代洛阳有名的贤惠女子，她诚实善良，知书达理，虽然家境贫寒，但非常自爱。

一次，乐羊子在路上捡到一块儿金子，高高兴兴地拿回家交给妻子。妻子问他金子是哪儿来的，乐羊子说是捡来的，留下没关系。妻子严肃地说：“别人的东西，即使是人家不小心丢的，也不能捡来当成自己的。我听说有志气的人连名叫‘盗泉’的水都不喝，诚实廉洁的人对于捡来的东西也不会要。如果你为了贪图小利，把金子留下，就是不诚实的表现。”乐羊子听后非常惭愧，把金子扔到了野地里。

明刻本《闺范》插图，描绘乐羊子在妻子的劝说下，把金子丢到野外的场景

第十一章

导读

本章是《大学》的最后一章，解释“治国平天下”。首先提出以身作则、推己及人和己所不欲，勿施于人的“絜矩之道”，然后论述君民之间的关系、君主德行与国家得失的关系，以及道德和财富的关系；进而论述“以德为宝”，主张用人唯贤；最后论述君子要忠信，重义轻利。如此，则天下太平。

原文

suǒ wèi píng tiān xià zài zhì qí guó zhě shàng lǎo lǎo ér mín
所谓平天下在治其国者：上老老而民
xīng xiào shàng zhǎng zhǎng ér mín xīng tì shàng xù gū ér mín
兴孝，上长长而民兴弟，上恤孤而民
bú bèi shì yǐ jūn zǐ yǒu xié jǔ zhī dào yě
不倍，是以君子有絜矩之道也。

suǒ wù yú shàng wú yǐ shǐ xià suǒ wù yú xià wú
所恶于上，毋以使下；所恶于下，毋
yǐ shì shàng suǒ wù yú qián wú yǐ xiān hòu suǒ wù yú hòu
以事上；所恶于前，毋以先后；所恶于后，
wú yǐ cóng qián suǒ wù yú yòu wú yǐ jiāo yú zuǒ suǒ wù yú
毋以从前；所恶于右，毋以交于左；所恶于
zuǒ wú yǐ jiāo yú yòu cǐ zhī wèi xié jǔ zhī dào
左，毋以交于右。此之谓絜矩之道。

释义

之所以说要平定天下，先要治理好自己的国家，是因为在上位的人尊敬老人，百姓就会形成孝顺的风气；在上位的人尊重长辈，百姓就会形成尊重长辈的风气；在上位的人体恤孤儿，百姓就不会背叛他。所以，君子总是实行以身作则、推己及人的“絜矩之道”。

如果厌恶在上位者对你的某种行为，就不要用这种行为去对待在下位的人；如果厌恶在下位者对你的某种行为，就不要用这种行为去对待在上位的人；如果厌恶在你前面的人对你的某种行为，就不要用这种行为去对待在你后面的人；如果厌恶在你后面的人对你的某种行为，就不要用这种行为去对待在你前面的人；如果厌恶在你右边的人对你的某种行为，就不要用这种行为去对待在你左边的人；如果厌恶在你左边的人对你的某种行为，就不要用这种行为去对待在你右边的人。这就是以身作则、推己及人的“絜矩之道”。

故事

宽宏待人

lǚ méng zhèng shì běi sòng míng chén yì
吕蒙正是北宋名臣，一
shēng céng sān cì chū rèn zǎi xiàng tā wéi rén
生曾三次出任宰相。他为人
zhèng zhí shàn liáng dài rén kuān hóng dà liàng
正直善良，待人宽宏大量，
cóng bú jì jiào tā rén de guò cuò yě cóng bú
从不计较他人的过错，也从不
duì sī yuàn gěng gěng yú huái
对私怨耿耿于怀。

yǒu yí cì cháo tíng yào rèn mìng gāo
有一次，朝廷要任命高

清人绘《历代名臣像解》中的吕蒙正画像

guān xǔ duō dà chén dōu jí lì tuī jiàn tā dàn yǒu yí wèi dà chén què jí lì fǎn
官，许多大臣都极力推荐他，但有一位大臣却极力反
duì bìng shuō le lǚ méng zhèng xǔ duō huài huà jīng guò duō cì tǎo lùn huáng dì
对，并说了吕蒙正许多坏话。经过多次讨论，皇帝
hái shi rèn mìng le lǚ méng zhèng guò hòu yǒu wèi péng you wèi lǚ méng zhèng zāo
还是任命了吕蒙正。过后，有位朋友为吕蒙正遭
rén fēi yì fèn fèn bù píng gào su tā zhè xiē qíng kuàng bìng yào gào su tā shuō huài
人非议愤愤不平，告诉他这些情况，并要告诉他说坏
huà nà rén de xìng míng lǚ méng zhèng quàn zǔ le péng you tā shuō wǒ bù néng
话那人的姓名。吕蒙正劝阻了朋友，他说：“我不能
yīn wèi sī rén ēn yuàn yǔ tā zhēng chǎo rú guǒ zhī dào tā shì shéi jiù huì zhōng
因为私人恩怨与他争吵，如果知道他是谁，就会终
shēn wàng bu liǎo nà rén de guò cuò wǒ bù zhuī wèn nà rén de xìng míng yě shì
身忘不了那人的过错。我不追问那人的姓名，也是
wèi le yǐ hòu néng bǐng gōng bàn shì gè rén de wěi qu néng suàn shén me ne
为了以后能秉公办事，个人的委屈能算什么呢！”

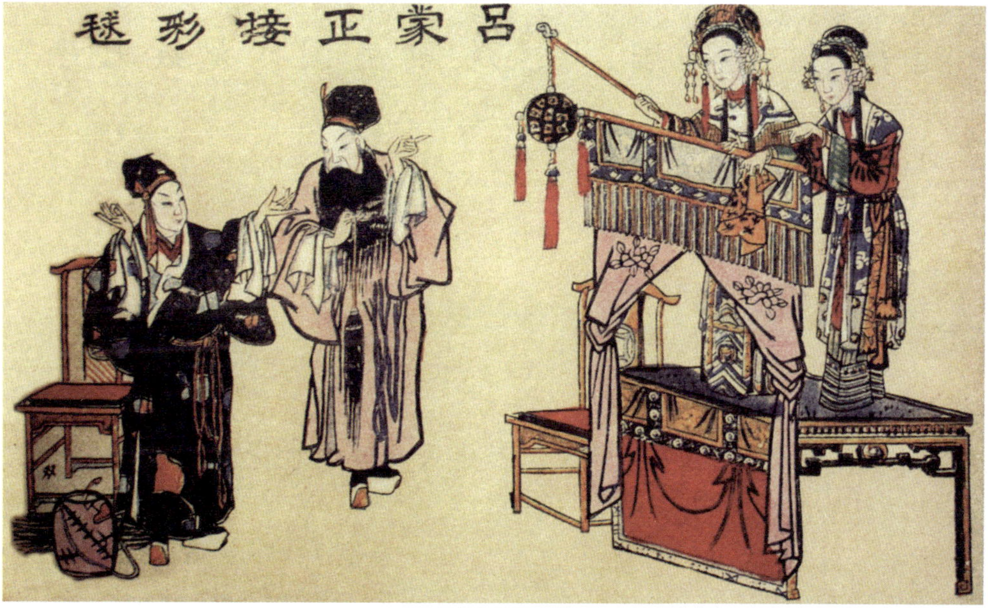

清末年画《吕蒙正接彩球》，讲述洛阳城相国千金刘翠屏抛球择婿，选中穷秀才吕蒙正，与其相濡以沫，最终吕蒙正得中高第的故事

原文

shī　yún　lè zhǐ jūn zǐ　mín zhī fù mǔ　mín
《诗》云："乐只君子，民之父母。"民
zhī suǒ hào hào zhī　mín zhī suǒ wù wù zhī　cǐ zhī wèi mín zhī
之所好好之，民之所恶恶之，此之谓民之
fù mǔ　shī　yún　jié bǐ nán shān　wéi shí yán yán
父母。《诗》云："节彼南山，维石岩岩。
hè hè shī yǐn　mín jù ěr zhān　yǒu guó zhě bù kě yǐ bú
赫赫师尹，民具尔瞻。"有国者不可以不
shèn　pì zé wéi tiān xià lù yǐ　shī　yún　yīn zhī wèi sàng
慎，辟则为天下僇矣。《诗》云："殷之未丧
shī　kè pèi shàng dì　yí jiàn yú yīn　jùn mìng bú yì
师，克配上帝。仪监于殷，峻命不易。"
dào dé zhòng zé dé guó　shī zhòng zé shī guó　shì gù jūn zǐ
道得众则得国，失众则失国。是故君子
xiān shèn hū dé
先慎乎德。

释义

《诗经·小雅·南山有台》说："快乐的国君啊，他是百姓的父母。"百姓喜欢的他也喜欢，百姓厌恶的他也厌恶，这样的国君就可以说是百姓的父母了。《诗经·小雅·节南山》说："巍峨的南山啊，岩石耸立。显赫的尹太师啊，百姓都仰望你。"治理国家的人不可不小心谨慎，一旦偏离正道，就会被天下人推翻。《诗经·大雅·文王》说："殷朝没有丧失民心的时候，还是能够与上天之命相匹配的。应该以殷朝作为鉴戒啊，要守住天命并不是

一件容易的事。”这就是说，得到民心就会得到国家，失去民心就会失去国家。所以，君子首先要注重修养德行。

故事

周公诫伯禽

zhōu gōng shì xī zhōu chū qī de zhèng zhì jiā sī xiǎng jiā xī zhōu jiàn guó
周公是西周初期的政治家、思想家。西周建国
zhī chū zhèng zhì xíng shì fēi cháng fù zá wèi le fǔ zuǒ nián yòu de chéng wáng
之初，政治形势非常复杂。为了辅佐年幼的成王，
zhōu gōng liú zài dū chéng hào jīng pài ér zi bó qín qù guǎn lǐ fēng dì lǔ guó
周公留在都城镐京，派儿子伯禽去管理封地鲁国。

lín xíng shí zhōu gōng gào jiè bó qín nǐ zhè cì qù fēng dì shǒu xiān
临行时，周公告诫伯禽：“你这次去封地，首先
yào lǐ yù yǒu cái zhī shì wǒ de shēn shì hé dì wèi suī rán hěn gāo guì dàn wèi
要礼遇有才之士。我的身世和地位虽然很高贵，但为
le jiē nà tiān xià xián shì céng duō cì wò zhe shī tóu fa yíng jiē xián rén chī fàn
了接纳天下贤士，曾多次握着湿头发迎接贤人。吃饭
shí yě céng duō cì fàng xià kuài zi
时，也曾多次放下筷子，
tǔ chū zuǐ li de fàn gōng jìng de kuǎn
吐出嘴里的饭，恭敬地款
dài tā men zhǐ yǒu qǔ dé xián rén de xìn
待他们。只有取得贤人的信
rèn bìng duì tā men wěi yǐ zhòng rèn
任，并对他们委以重任，
tiān xià de bǎi xìng cái néng xìn fú guó
天下的百姓才能信服，国
jiā cái néng ān dìng a zhōu gōng zūn
家才能安定啊！”周公尊
xián ài cái shì tā zhèng zhì chéng gōng
贤爱才，是他政治成功
de zhòng yào yīn sù
的重要因素。

清人绘《历代帝王圣贤名臣大儒遗像》中的周公画像

原文

yǒu dé cǐ yǒu rén yǒu rén cǐ yǒu tǔ yǒu tǔ cǐ yǒu
有德此有人，有人此有土，有土此有
cái yǒu cái cǐ yǒu yòng dé zhě běn yě cái zhě mò yě
财，有财此有用。德者本也，财者末也。
wài běn nèi mò zhēng mín shī duó shì gù cái jù zé mín sàn
外本内末，争民施夺。是故财聚则民散，
cái sàn zé mín jù shì gù yán bèi ér chū zhě yì bèi ér rù
财散则民聚。是故言悖而出者，亦悖而入；
huò bèi ér rù zhě yì bèi ér chū
货悖而入者，亦悖而出。

释义

有德行才会有百姓拥护，有百姓拥护才能拥有土地，拥有土地才能聚敛财富，聚敛财富才能供给使用。道德是根本，财富是末节。如果表面重视道德而内心却重视财物，就会与百姓争夺利益。所以，君王聚敛财物，民心就会涣散；君王散财于民，民心就会凝聚。正如你说话不讲道理，人家也会用不讲道理的话来回答你；如果财货来路不明不白，总有一天也会不明不白地失去。

故事

冯谖焚券

zhàn guó shí féng xuān bèi mèng cháng jūn pài wǎng fēng dì xuē dì qù shōu
战国时，冯谖被孟尝君派往封地薛地去收

明汪廷讷撰《人镜阳秋》插图，描绘冯谖焚烧债券后，孟尝君返回薛地，受到当地百姓热烈欢迎的场景

债。临走时，冯谖问孟尝君是否需要带些东西回来，孟尝君说：“你看着办吧，我缺少什么你就带些什么回来吧！”冯谖到了薛地后，将债券全部烧毁，得到百姓的热烈拥护。当孟尝君问冯谖带回什么时，冯谖说：“我带回了‘义’。”孟尝君听后很不高兴，但没有说什么。

一年后，孟尝君被免去相国的职务，只好返回薛地。当地百姓听说后，扶老携幼欢迎他。冯谖说：“这就是我给您带回‘义’的回报哇。”孟尝君这才恍然大悟，非常感激冯谖。

原文

kāng gào yuē wéi mìng bù yú cháng dào shàn zé
《康诰》曰："惟命不于常。"道善则
dé zhī bú shàn zé shī zhī yǐ chǔ shū yuē chǔ guó wú
得之，不善则失之矣。《楚书》曰："楚国无
yǐ wéi bǎo wéi shàn yǐ wéi bǎo jiù fàn yuē wáng rén wú
以为宝，惟善以为宝。"舅犯曰："亡人无
yǐ wéi bǎo rén qīn yǐ wéi bǎo
以为宝，仁亲以为宝。"

释义

《尚书·康诰》说："天命是不会始终如一的。"就是说，行善便会得到天命，不行善便会失去天命。《楚书》说："楚国没有什么可以当成宝贝，只把善德当成宝贝。"舅犯说："流亡的人没有什么可以当成宝贝，只把仁义慈爱当成宝贝。"

故事

不贪为宝

chūn qiū shí sòng guó yǒu gè jiào zǐ hǎn de guān yuán tā pǐn dé gāo
春秋时，宋国有个叫子罕的官员，他品德高
shàng wéi zhèng qīng lián cóng bù jiē shòu bié rén de lǐ wù zài bǎi xìng zhōng
尚，为政清廉，从不接受别人的礼物，在百姓中
hěn yǒu wēi wàng
很有威望。

yí cì yí gè sòng guó rén huái cáng bǎo yù xìng chōng chōng de zhǎo dào zǐ
一次，一个宋国人怀藏宝玉，兴冲冲地找到子
hǎn shuō wǒ jiǔ wén dà ren shì qín zhèng ài mín de hǎo guān tè dì jiāng bǎo yù
罕说：“我久闻大人是勤政爱民的好官，特地将宝玉
xiàn gěi nín yǐ biǎo dá wǒ de jìng mù zhī xīn xī wàng nín néng shōu xià zǐ
献给您，以表达我的敬慕之心，希望您能收下。”子
hǎn jiē guò bǎo yù kàn le kàn shuō nǐ hái shi ná zǒu ba wǒ bù néng shōu
罕接过宝玉看了看，说：“你还是拿走吧，我不能收。”
xiàn bǎo rén yǐ wéi zǐ hǎn
献宝人以为子罕
bù shí huò zǐ hǎn xiào
不识货，子罕笑
zhe shuō wǒ yǐ bù
着说：“我以不
tān wéi bǎo nǐ yǐ
贪为宝，你以
yù wéi bǎo jiǎ rú
玉为宝，假如
nǐ jiāng yù gěi le wǒ
你将玉给了我，
wǒ men liǎng rén qǐ bù
我们两人岂不
dōu shī qù le bǎo
都失去了宝。”
xiàn bǎo rén tīng hòu shí fēn
献宝人听后十分
gǎn jī zǐ hǎn yǐ bù
感激。子罕以不
tān wéi bǎo qí gāo
贪为宝，其高
shàng de pǐn dé chéng
尚的品德，成
wéi hòu rén xué xí de
为后人学习的
bǎng yàng
榜样。

民国蔡振绅编《八德须知·廉耻》插图《子罕却玉》，描绘宋人献玉，子罕推辞不受的场景

原文

qín shì　yuē　ruò yǒu yí jiè chén　duàn duàn xī wú
《秦誓》曰：“若有一介臣，断断兮无
tā jì　qí xīn xiū xiū yān　qí rú yǒu róng yān　rén zhī yǒu
他技，其心休休焉，其如有容焉。人之有
jì　ruò jǐ yǒu zhī　rén zhī yàn shèng　qí xīn hào zhī　bú
技，若己有之；人之彦圣，其心好之，不
chì ruò zì qí kǒu chū　shí néng róng zhī　yǐ néng bǎo wǒ zǐ
啻若自其口出，寔能容之。以能保我子
sūn lí mín　shàng yì yǒu lì zāi　rén zhī yǒu jì　mào jí yǐ
孙黎民，尚亦有利哉！人之有技，媢嫉以
wù zhī　rén zhī yàn shèng　ér wéi zhī bǐ bù tōng　shí bù néng
恶之；人之彦圣，而违之俾不通，寔不能
róng　yǐ bù néng bǎo wǒ zǐ sūn lí mín　yì yuē dài zāi
容。以不能保我子孙黎民，亦曰殆哉！”

释义

《尚书·秦誓》说：“如果有这样一位大臣，忠诚老实，却没有什么特别的本领，但他心胸宽广，有容人之量。别人有本领，就如同他自己有本领一样；别人德才兼备，他心悦诚服，不只是嘴上说说，而是从心底赞赏人家。用这样的人可以保护我的子孙和百姓，对国家来说是有利的！相反，如果别人有本领，他就妒忌、厌恶人家；别人德才兼备，他便想方设法压制、排挤人家，无论如何不能容纳贤德之人。用这样的人不能保护我的子孙和百姓，对国家来说是很危险的！”

故事

马革裹尸

东汉时，马援英勇善战，为建立东汉和保卫边疆立下了赫赫战功。有一次，他刚刚南征交趾（今五岭以南至越南北部）归来，听说北方匈奴和乌桓又来侵扰边境，便主动请求出征。朋友孟冀见他年岁已大，劝他不要再上阵出征了。马援慷慨激昂地说：“有志男儿应该为国杀敌，战死疆场，尸体不需要棺材装殓，只用死去的战马皮包裹着回来埋葬就可以了，怎么能躺在家里的床上，死在儿女身边呢？”

后来，在征讨武陵五溪少数民族时，马援死在军中，实现了马革裹尸的誓言。

清人绘马援画像

原文

wéi rén rén fàng liú zhī bǐng zhū sì yí bù yǔ tóng zhōng
唯仁人放流之，迸诸四夷，不与同中

guó cǐ wèi wéi rén rén wéi néng ài rén néng wù rén jiàn xián
国。此谓唯仁人为能爱人，能恶人。见贤

ér bù néng jǔ jǔ ér bù néng xiān màn yě jiàn bú shàn ér
而不能举，举而不能先，命也；见不善而

bù néng tuì tuì ér bù néng yuǎn guò yě hào rén zhī suǒ
不能退，退而不能远，过也。好人之所

wù wù rén zhī suǒ hào shì wèi fú rén zhī xìng zāi bì dài fú
恶，恶人之所好，是谓拂人之性，菑必逮夫

shēn shì gù jūn zǐ yǒu dà dào bì zhōng xìn yǐ dé zhī jiāo
身。是故君子有大道，必忠信以得之，骄

tài yǐ shī zhī
泰以失之。

释义

因此，有仁德的人会把这种小人流放到边远的四夷之地，不让他们居住在中原。这就是说有德之人知道亲近什么人，憎恨什么人。如果发现贤才而不能举荐，举荐了又不能优先重用，这是轻慢；发现不善之人而不能罢免，罢免了而不能把他驱逐得远远的，这是过错。喜欢众人所厌恶的，厌恶众人所喜欢的，这是违背人的本性，灾难必然要降临到自己身上。所以，君子治国有正确的法则：忠诚守信，便会获取天下；骄纵奢侈，便会失去天下。

祁奚荐贤

chūn qiū shí jìn guó yǒu yí wèi xián dé de dà fū jiào qí xī wéi rén zhèng
春秋时，晋国有一位贤德的大夫叫祁奚，为人正
zhí xīn xiōng tǎn dàng dāng shí qí xī yīn nián lǎo cí zhí jìn dào gōng wèn
直，心胸坦荡。当时，祁奚因年老辞职，晋悼公问
shéi kě yǐ jiē tì tā de zhí wèi qí xī tuī jiàn le xiè hú jìn dào gōng chà yì
谁可以接替他的职位，祁奚推荐了解狐。晋悼公诧异
de wèn tīng shuō xiè hú shì nǐ de chóu rén ya qí xī shuō dà wáng zhǐ
地问："听说解狐是你的仇人呀！"祁奚说："大王只
shì wèn shéi kě yǐ jiē tì wǒ de zhí wèi bìng méi yǒu shuō wǒ de chóu rén bù kě yǐ
是问谁可以接替我的职位，并没有说我的仇人不可以
jiē tì zhè ge zhí wèi ya zhèng dāng zhǔn bèi rèn mìng xiè hú shí xiè hú yīn
接替这个职位呀！"正当准备任命解狐时，解狐因
bìng qù shì qí xī yòu xiàng jìn dào gōng
病去世。祁奚又向晋悼公
tuī jiàn le ér zi qí wǔ jié guǒ qí
推荐了儿子祁午。结果，祁
wǔ shàng rèn hòu shí fēn chèn zhí
午上任后，十分称职。

kǒng zǐ zhī dào zhè jiàn shì hòu
孔子知道这件事后，
chēng zàn shuō qí xī tuī jiàn rén zhǐ kàn
称赞说："祁奚推荐人只看
cái dé bú lùn qīn chóu zhēn kě yǐ
才德，不论亲仇，真可以
chēng de shàng dà gōng wú sī a
称得上大公无私啊！"

明张灏辑《学山堂印谱》所载闲章《君问可非问臣之仇也》，此句为祁奚推荐解狐时说的话

原文

shēng cái yǒu dà dào shēng zhī zhě zhòng shí zhī zhě guǎ
生财有大道：生之者众，食之者寡，
wéi zhī zhě jí yòng zhī zhě shū zé cái héng zú yǐ rén zhě
为之者疾，用之者舒，则财恒足矣。仁者
yǐ cái fā shēn bù rén zhě yǐ shēn fā cái wèi yǒu shàng hào
以财发身，不仁者以身发财。未有上好
rén ér xià bú hào yì zhě yě wèi yǒu hào yì qí shì bù
仁，而下不好义者也；未有好义，其事不
zhōng zhě yě wèi yǒu fǔ kù cái fēi qí cái zhě yě
终者也；未有府库财非其财者也。

释义

创造财富也有正确的途径：从事生产的人多，消耗财富的人少，创造财富的人勤奋，消耗财富的人节省，那么财富就会永远充足。仁德的人仗义疏财以修养自身的德行，不仁德的人不惜以生命为代价去聚敛财富。没有在上位者喜爱仁德，而在下位者却不喜好道义的；没有喜好道义而做事却半途而废的；没有国库里的财物不是属于国君的。

清人绘《历代名臣像解》中的范仲淹画像

故事

仁德传家

fàn zhòng yān shì běi sòng zhèng zhì jiā wén xué jiā dú shū shí suī rán qióng
范仲淹是北宋政治家、文学家，读书时虽然穷
kǔ xīn lǐ què xiǎng zhe jiù jì zhòng rén zuò le zǎi xiàng hòu tā biàn bǎ fèng
苦，心里却想着救济众人。做了宰相后，他便把俸
lù quán bù ná chū lái gòu zhì yì tián shàn yǎng zōng zú zhōng de pín hán zhī rén
禄全部拿出来购置义田，赡养宗族中的贫寒之人。
tā mǎi le sū zhōu nán yuán zuò wéi zhù zhái tīng fēng shuǐ xiān sheng shuō zhè lǐ fēng
他买了苏州南园作为住宅，听风水先生说这里风
shuǐ jí hǎo biàn jiāng fáng zi juān chū lái dàng zuò xué gōng
水极好，便将房子捐出来当作学宫。

fàn zhòng yān chū jiàng rù xiàng jǐ shí nián suǒ dé fèng lù duō yòng zuò bù shī jiù
范仲淹出将入相几十年，所得俸禄多用作布施救
jì zhī yòng yīn cǐ jiā yòng jí
济之用，因此家用极
wéi jié jiǎn sǐ de shí hou shèn
为节俭，死的时候甚
zhì lián sāng zàng fèi dōu bú gòu
至连丧葬费都不够。
tā de jǐ gè ér zi suī rán
他的几个儿子，虽然
wèi liè gōng qīng dàn néng jì chéng
位列公卿，但能继承
fù qīn de chuán tǒng rén dé chuán
父亲的传统，仁德传
jiā píng rì zài jiā shēn chuān sù
家，平日在家身穿素
bù yī fu suǒ dé fèng lù yě
布衣服，所得俸禄也
duō yòng yú jiù jì zhòng rén
多用于救济众人。

明谢时臣绘《麦舟兼赠》（局部），讲述范仲淹的儿子范纯仁收租归来，路遇石曼卿无钱葬父，以舟中之麦资助他返乡葬父的故事

原文

mèng xiàn zǐ yuē xù mǎ shèng bù chá yú jī tún fá
孟献子曰："畜马乘，不察于鸡豚；伐

bīng zhī jiā bú xù niú yáng bǎi shèng zhī jiā bú xù jù liǎn
冰之家，不畜牛羊；百乘之家，不畜聚敛

zhī chén yǔ qí yǒu jù liǎn zhī chén nìng yǒu dào chén cǐ wèi
之臣。与其有聚敛之臣，宁有盗臣。"此谓

guó bù yǐ lì wéi lì yǐ yì wéi lì yě zhǎng guó jiā ér wù
国不以利为利，以义为利也。长国家而务

cái yòng zhě bì zì xiǎo rén yǐ bǐ wéi shàn zhī xiǎo rén zhī
财用者，必自小人矣。彼为善之，小人之

shǐ wéi guó jiā zāi hài bìng zhì suī yǒu shàn zhě yì wú rú
使为国家，菑害并至。虽有善者，亦无如

zhī hé yǐ cǐ wèi guó bù yǐ lì wéi lì yǐ yì wéi lì yě
之何矣！此谓国不以利为利，以义为利也。

释义

孟献子说："能够喂养得起四匹马拉车的大夫之家，就不再计较养鸡养猪的事；祭祀能够用冰的卿大夫之家，就不再喂养牛羊来牟利；拥有百辆兵车的诸侯之家，就不再豢养搜刮民财的家臣。与其有搜刮民财的家臣，还不如有偷盗东西的家臣。"这就是说，国家不应该把财货作为利益，而应该把仁义作为利益。做了国君还一心想着聚敛财富，一定是有小人在诱导。而国君还以为这些小人是好人，让他们去处理国家大事，结果天灾人祸一齐降临。这时即使有贤能的人，也没有办法改变现状了。所以，国家不应该把财货作为利益，而应该把仁义作为利益。

李林甫误国

lǐ lín fǔ shì táng dài de jiān xiàng shàn yú chá yán guān sè qū yì féng yíng
李林甫是唐代的奸相，善于察言观色，曲意逢迎。
tā shēn zhī yào gǒng gù zì jǐ de dì wèi jiù bì xū tǎo dé huáng dì de huān xīn
他深知要巩固自己的地位，就必须讨得皇帝的欢心，
yú shì biàn xiǎng fāng shè fǎ zuò ràng huáng dì gāo xìng de shì táng xuán zōng duì tā shí
于是便想方设法做让皇帝高兴的事。唐玄宗对他十
fēn xìn rèn hé chǒng ài lǐ lín fǔ zhí zhǎng cháo zhèng cháng dá shí jiǔ nián zhī jiǔ
分信任和宠爱，李林甫执掌朝政长达十九年之久。

lǐ lín fǔ jí dù xīn hěn qiáng duì yǒu cái néng de rén hèn zhī rù gǔ zǒng
李林甫嫉妒心很强，对有才能的人恨之入骨，总
shì xiǎng jìn bàn fǎ chú diào tā men suī rán tā biǎo miàn shang duì zhè xiē rén shí fēn hé
是想尽办法除掉他们。虽然他表面上对这些人十分和
shàn dàn xīn lǐ què shí shí zài pán suàn zhe hài rén de guǐ jì suǒ yǐ yì xiē rén bèi
善，但心里却时时在盘算着害人的诡计，所以一些人被
hài yǐ hòu bìng wèi chá jué zhāng jiǔ líng lǐ shì zhī děng rén xiān hòu zāo tā xiàn hài
害以后并未察觉。张九龄、李适之等人先后遭他陷害
ér bèi bà guān hòu lái lǐ lín fǔ de zhè
而被罢官。后来，李林甫的这
zhǒng wěi shàn miàn mù bèi rén men shí pò dà
种伪善面目被人们识破，大
jiā dōu shuō tā shì yí gè kǒu yǒu mì fù
家都说他是一个“口有蜜，腹
yǒu jiàn de rén táng xuán zōng wǎn nián zhèng
有剑”的人。唐玄宗晚年政
zhì fǔ bài guó wú liáng chén yǐ zhì hòu lái
治腐败，国无良臣，以致后来
fā shēng ān shǐ zhī luàn guó shì zhuǎn shuāi
发生安史之乱，国势转衰，
hěn dà chéng dù shang dōu yǔ lǐ lín fǔ yǒu guān
很大程度上都与李林甫有关。

明人绘唐玄宗画像

中　庸

清佚名绘《万年不老册》之《圣相八元》，描绘上古高辛氏手下八位贤人聚在一起的场景

第一章

导读

本章是《中庸》全篇的总纲。作者首先阐述了禀赋、修道、教化之间的关系，然后讲到君子要具备“戒慎”“恐惧”“慎独”等省察的功夫，最后认为达到“中和”就可以使万物生生不息。从第二章到第十一章，都是对本章内容的阐释。

原文

tiān mìng zhī wèi xìng shuài xìng zhī wèi dào xiū dào zhī
天命之谓性，率性之谓道，修道之
wèi jiào dào yě zhě bù kě xū yú lí yě kě lí fēi dào
谓教。道也者，不可须臾离也；可离，非道
yě shì gù jūn zǐ jiè shèn hū qí suǒ bù dǔ kǒng jù hū qí
也。是故君子戒慎乎其所不睹，恐惧乎其
suǒ bù wén mò xiàn hū yǐn mò xiǎn hū wēi gù jūn zǐ shèn
所不闻。莫见乎隐，莫显乎微。故君子慎
qí dú yě
其独也。

释义

上天赋予人的禀赋叫作“性”，遵循本性行动叫作“道”，按照“道”去修养叫作“教”。“道”是不可以片刻偏离，如果能片刻偏离，那就不是“道”了。所以，君子在没有人看见的地方也是警戒谨慎的，在没有人听见的地方也是恐慌畏惧的。越是隐蔽的地方事情越容易显露，越是细微的东西越容易显现。因此君子在独处时要谨慎啊！

故事

坚持道义

xǔ héng shì yuán cháo lǐ xué jiā zì yòu kù ài xué xí suī rán shēn chǔ
许衡是元朝理学家，自幼酷爱学习。虽然身处
luàn shì jiā li zāo zāi tā hái shi lì yòng yí qiè jī huì nǔ lì xué xí bìng
乱世，家里遭灾，他还是利用一切机会努力学习，并
bǎ suǒ xué de zhī shi guàn chè dào rì cháng de xíng wéi zhī zhōng
把所学的知识贯彻到日常的行为之中。

yì nián xià tiān xǔ héng hé jǐ gè péng you lù guò hé yáng shí dà jiā
一年夏天，许衡和几个朋友路过河阳时，大家
fēi cháng kǒu kě jiàn lù biān shù shang jiē mǎn le lí zi biàn zhēng xiāng pá shàng
非常口渴，见路边树上结满了梨子，便争相爬上
shù zhāi zhe chī wéi dú xǔ héng zuò zài shù xià xiàng méi kàn jiàn shù shang de
树摘着吃。唯独许衡坐在树下，像没看见树上的
lí shì de péng you men dōu jī xiào tā shuō nǐ zhè ge shǎ guā shì dào zhè
梨似的。朋友们都讥笑他说：“你这个傻瓜，世道这
me luàn zhè xiē lí shù kěn dìng méi yǒu zhǔ rén
么乱，这些梨树肯定没有主人。”
xǔ héng què shuō lí shù méi yǒu zhǔ rén nán dào
许衡却说：“梨树没有主人，难道
wǒ de xīn yě méi yǒu ma wǒ yào jiān chí dào yì
我的心也没有吗？我要坚持道义，
yǒng bú fàng qì tā zhèng shì zhè yàng shí jiàn zhe
永不放弃。”他正是这样实践着
zì jǐ de xìn yì zuì zhōng chéng jiù le yì fān
自己的信义，最终成就了一番
shì yè
事业。

清殿藏本许衡画像

原文

xǐ nù āi lè zhī wèi fā wèi zhī zhōng fā ér jiē zhòng
喜怒哀乐之未发，谓之中；发而皆中
jié wèi zhī hé zhōng yě zhě tiān xià zhī dà běn yě hé
节，谓之和。中也者，天下之大本也；和
yě zhě tiān xià zhī dá dào yě zhì zhōng hé tiān dì wèi yān
也者，天下之达道也。致中和，天地位焉，
wàn wù yù yān
万物育焉。

释义

喜、怒、哀、乐没有表现出来的时候，称为“中”。表现出来以后符合常理，称为“和”。“中”是天下的根本，“和”是通贯天下的原则。达到“中和”的境界，天地便各在其位，万物便生长发育了。

故事

仁者自爱

zǐ xià shì kǒng zǐ de xué shēng yǐ
子夏是孔子的学生，以
wén xué zhù chēng cái sī mǐn jié kǒng zǐ
文学著称，才思敏捷。孔子
qù shì hòu zǐ xià zài wèi guó xī hé jiāo
去世后，子夏在魏国西河教

清殿藏本子夏画像

xué cóng xué zhě chāo guò sān bǎi rén yǐng xiǎng jù dà
学，从学者超过三百人，影响巨大。

zǐ xià wǎn nián yīn sàng zǐ bēi tòng guò dù dǎo zhì shuāng mù shī míng
子夏晚年，因丧子悲痛过度，导致双目失明。
zēng zǐ qián qù tàn wàng zǐ xià bēi fèn de shuō wǒ bìng méi yǒu zuì guo wèi
曾子前去探望，子夏悲愤地说：“我并没有罪过，为
shén me ràng wǒ chéng shòu zhè yàng de kǔ nàn ne zēng zǐ shuō nǐ zěn me méi
什么让我承受这样的苦难呢？”曾子说：“你怎么没
yǒu zuì guo ne nǐ lí kāi péng you zhǐ kàn zhòng shù lì zì jǐ de míng shēng
有罪过呢？你离开朋友，只看重树立自己的名声，
zhè shì bù rén nǐ jū qīn rén zhī sāng zhǐ gù zì jǐ bēi tòng què bú zài yì
这是不仁；你居亲人之丧，只顾自己悲痛，却不在意
tiān xià cāng shēng de kǔ nàn zhè shì bú yì ér zi sǐ le què kū xiā shuāng yǎn
天下苍生的苦难，这是不义；儿子死了却哭瞎双眼，
bù néng bǎo quán fù mǔ jǐ yǔ de shēn tǐ zhè shì bú xiào zǐ xià tīng hòu
不能保全父母给予的身体，这是不孝。”子夏听后，
kěn qiè de shuō wǒ cuò le wǒ lí kāi péng you tài jiǔ le
恳切地说：“我错了，我离开朋友太久了。”

明阚名撰《孔门儒教列传》插图《魏文侯师子夏》，描绘子夏名满西河，魏文侯以他为师的场景

第二章

导读

本章引孔子之言，论述君子与小人对中庸的不同态度及其原因。君子坚持中庸，因为君子随时处于中道；小人违反中庸，因为小人做事肆无忌惮。

原文

zhòng ní yuē jūn zǐ zhōng yōng xiǎo rén fǎn zhōng yōng
仲尼曰：“君子中庸，小人反中庸。
jūn zǐ zhī zhōng yōng yě jūn zǐ ér shí zhōng xiǎo rén zhī fǎn
君子之中庸也，君子而时中；小人之反
zhōng yōng yě xiǎo rén ér wú jì dàn yě
中庸也，小人而无忌惮也。”

释义

孔子说：“君子的言行合乎中庸标准，小人的言行违背中庸标准。君子能做到中庸，是因为他做事时时恰如其分；小人违背中庸，是因为他做事肆无忌惮。”

故事

容人雅量

zhū xī hé lù jiǔ yuān shì nán sòng shí qī de
朱熹和陆九渊是南宋时期的

明郭诩绘朱熹画像

思想家，陆九渊比较偏重“尊德性”，认为不要多做读书穷理的功夫；而朱熹则比较看重“道问学”，认为应从博览群书和对外物的观察来启发内心的知识，他们之间曾有过一场著名的辩论。

1175年，在信州（今江西上饶）鹅湖寺举行了一场哲学辩论会。陆九渊兄弟和朱熹见面时拿出他们作的诗给朱熹看，朱熹认为他们的诗有讽刺自己的意思，于是当即赋诗反击。朱熹晚年非常后悔当时的做法，承认自己的见解确有不足之处，而陆九渊也很自责。朱熹更是在一篇文章中赞扬了陆九渊的观点，体现了他的容人雅量。

明人绘陆九渊画像

第三章

导读

本章孔子称颂中庸是最高的德行，感慨现在的人们已很难做到。因为中庸是最高的德行，所以人们是很难做到的。如果能随随便便做到中庸，那么它就不是最高的德行了。

原文

zǐ yuē zhōng yōng qí zhì yǐ hū mín xiǎn néng jiǔ yǐ

子曰：“中庸其至矣乎！民鲜能久矣。”

释义

孔子说：“中庸可以说是最高的德行了！百姓中很少有人能做到，这种情况已经很久了。”

故事

选才之道

zhàn guó shí wèi guó jīng cháng zāo shòu zhōu wéi dà guó de qīn rǎo zǐ sī

战国时，卫国经常遭受周围大国的侵扰。子思

清殿藏本子思画像

对卫侯说："苟变能征善战，可以统率大军抗击敌人。"卫侯说："我也知道苟变能征善战，可是他做官的时候，曾经从百姓那里搜刮东西吃，所以我不用他统率军队。"

子思说："古代的贤君选用人才，就像木匠使用木材一样。几丈粗的杞木和梓材，虽然中间有几尺已经腐坏，可高明的木匠只把腐坏的部分丢弃，而不会把整个木材丢掉。选用人才也是这样，不能因为小过而舍弃贤才啊！现在各国都在招贤纳士，您却因为一点儿小问题而舍弃将才，这事怎能让邻国知道呢？"卫侯听罢恍然大悟，随即任命苟变为将军。

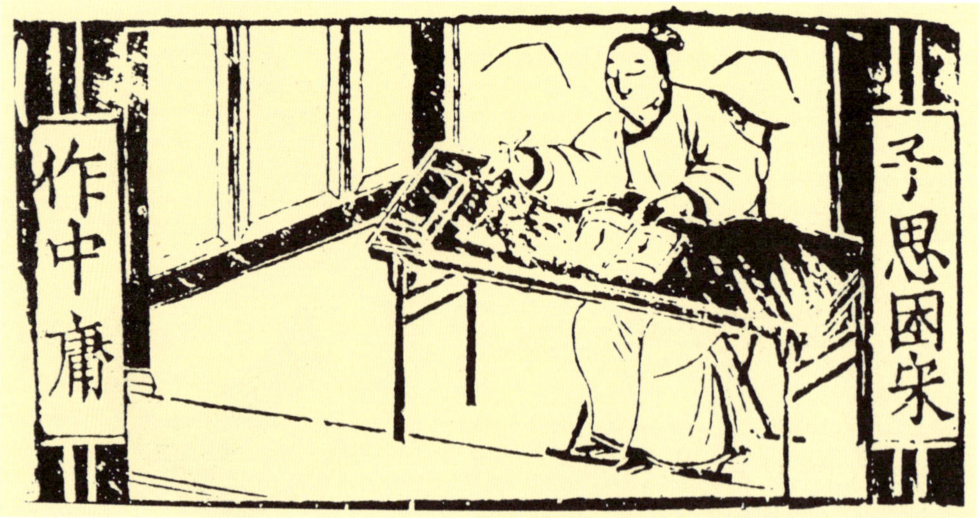

明阙名撰《孔门儒教列传》中的《子思困宋作中庸》，描绘子思被困宋国时创作《中庸》的场景

第四章

导读

在本章中，孔子试图解答中庸很难做到的原因，因为人们要么做得太过，要么做得不及。

原文

zǐ yuē dào zhī bù xíng yě wǒ zhī zhī yǐ zhì zhě
子曰："道之不行也，我知之矣：知者
guò zhī yú zhě bù jí yě dào zhī bù míng yě wǒ zhī zhī
过之，愚者不及也。道之不明也，我知之
yǐ xián zhě guò zhī bú xiào zhě bù jí yě rén mò bù yǐn shí
矣：贤者过之，不肖者不及也。人莫不饮食
yě xiǎn néng zhī wèi yě
也，鲜能知味也。"

释义

孔子说："中庸之道不能实行的原因，我知道了：聪明的人做得太过分，愚蠢的人又做不到。中庸之道不能彰显的原因，我知道了：贤明的人做得太过分，不贤的人又做不到。就像人们没有谁不吃不喝，但很少有人能够真正品尝出其中的滋味啊！"

故事

天下五墨

shī kuàng shì chūn qiū shí jìn guó yuè shī suī shuāng mù shī míng dàn shàn
师旷是春秋时晋国乐师，虽双目失明，但善

弹琴辨音，且学识渊博。一天，晋平公感叹道：“您聪明智慧，却不幸眼盲，无法看到外面精彩的世界。”

师旷说：“这其实没什么，眼盲并不是天下最严重的昏暗。天下有五种昏暗：官吏以权谋私，百姓走投无路，国君却不闻不问，这叫昏庸；忠臣不得重用，奸佞高居要位，国君却不知不晓，这叫昏聩；奸臣欺上瞒下，贤人遭受诬陷，国君却不觉不察，这叫昏乱；国家积贫积弱，百姓负担沉重，国君却好大喜功，这叫昏暗；官吏贪赃枉法，百姓无法安居，国君却不明不白，这叫昏昧。相比之下，我这点不幸算什么呢？”

清绣像本《东周列国志》插图《贺虒祁师旷辨新声》，描绘晋平公在虒祁之台设宴招待卫灵公，师旷辨识卫国乐师弹奏亡国之音的故事

第五章

导读

在本章中，孔子用猜测的口气提出：中庸之道大概是不能实行了吧。

原文

zǐ yuē dào qí bù xíng yǐ fú
子曰："道其不行矣夫！"

释义

孔子说："中庸之道大概是不能实行了！"

故事

红顶商人

清胡雪岩旧照

hú xuě yán shì qīng cháo zhù míng de shāng rén chū shēn pín hán nián qīng shí zài yì jiā qián zhuāng dāng pǎo jiē duì wài dōu lǎn yè wù hé dǎ ting háng qíng de rén yì tiān tā yù
胡雪岩是清朝著名的商人，出身贫寒，年轻时在一家钱庄当跑街（对外兜揽业务和打听行情的人）。一天他遇

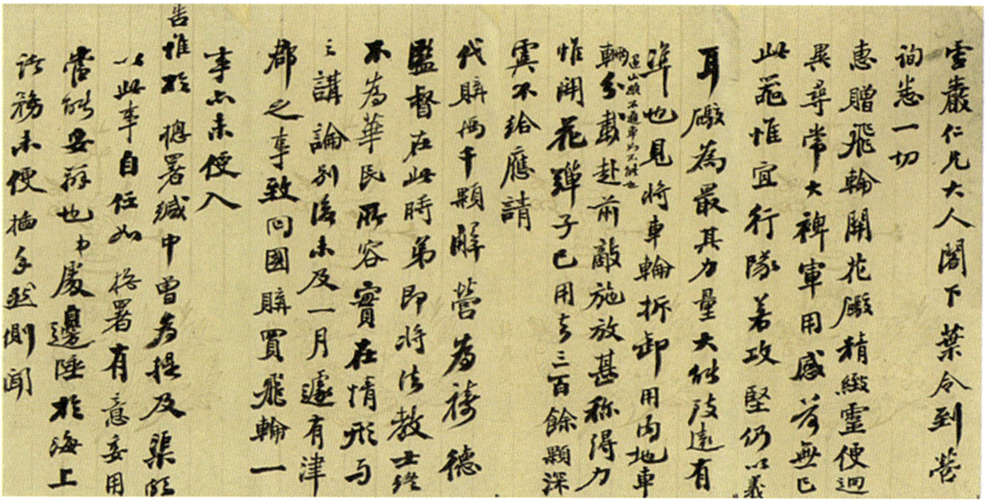

雪巖仁兄大人閣下 葉令到營
詢悉一切
惠贈飛輪開花礮精緻靈便迥
異尋常大裨軍用感荷無已
此礮惟宜行隊善攻堅仍以
耳礮為最其力量大能致遠有
弟也見將車輪拆卸用
輸分載赴前敵施放甚稱得力
惟開花彈子已用去三百餘顆深
冀不給應請
代購四千顆 解營為禱 德
監督在此時弟即將法教士
不為華民所容實在情形與
之講論別後未及一月遽有津
郡之事致同國購買飛輪一
事亦未便入
告誰能 總署織中曾為提及渠
以此事自任如 總署有意妥用
當能妥辦也中屬邊陲非海上
話務未便插手並聞

清左宗棠致胡雪岩长信（局部）

到穷困潦倒的王有龄，见他气度不凡，表示愿意资助他进京谋官，并把刚收的五百两银子借给了他。

王有龄拿钱进京，找到故交，当上了浙江粮台总办。王有龄一上任便去找胡雪岩，让他辞去工作，自办钱庄。胡雪岩很有经商才能，钱庄办得红红火火，在江浙一带垄断金融，操纵商业。同时，他从事对外贸易又兼营药材，成为国际药业市场的巨头。由于胡雪岩屡建奇勋，被皇帝赏赐一品顶戴和黄马褂，成为著名的“红顶商人”。

第六章

导读

在本章中，孔子以舜为例，认为他既好问，又善于省察浅近的话，还会隐恶扬善，用中庸之道治理百姓，说明中庸之道是能够实行的。

原文

zǐ yuē shùn qí dà zhì yě yú shùn hào wèn ér hào
子曰：“舜其大知也与！舜好问而好
chá ěr yán yǐn è ér yáng shàn zhí qí liǎng duān yòng qí
察迩言，隐恶而扬善，执其两端，用其
zhōng yú mín qí sī yǐ wéi shùn hū
中于民，其斯以为舜乎！”

释义

孔子说：“舜可以说是一位有大智慧的人吧！他喜爱向人请教问题，又善于分析浅近话语中的含义，他隐藏别人的坏处，宣扬别人的好处，把握好‘过’与‘不及’两种极端情况，用中庸之道治理百姓，这就是舜之所以成为舜的原因吧！”

故事

大智虞舜

yú shùn shì shàng gǔ bù luò lián méng lǐng xiù fù qīn gǔ sǒu yú mèi wú zhī
虞舜是上古部落联盟领袖，父亲瞽瞍愚昧无知，

jì mǔ xiāo zhāng fàng sì dì di ào màn wú lǐ tā men zǒng xiǎng shā diào shùn
继母嚣张放肆，弟弟傲慢无礼。他们总想杀掉舜，
dàn dōu bèi shùn duǒ guò qù le shùn kuān shù le tā men bìng bú jì jiào
但都被舜躲过去了。舜宽恕了他们，并不计较。

shùn zài lì shān gēng zhòng zhuāng jia shí dà xiàng gǎn guò lái bāng tā gēng
舜在历山耕种庄稼时，大象赶过来帮他耕
dì fēi niǎo wéi guò lái bāng tā chú cǎo hòu lái fù mǔ ràng tā zài hé biān zhì
地，飞鸟围过来帮他锄草。后来，父母让他在河边制
zào táo qì táo qì bú huì pò liè ràng tā dào léi zé qù bǔ yú zāo yù dà fēng
造陶器，陶器不会破裂；让他到雷泽去捕鱼，遭遇大风
léi yǔ què ān rán wú yàng yáo tīng shuō zhè xiē shì yǐ hòu ràng jiǔ gè ér zi
雷雨，却安然无恙。尧听说这些事以后，让九个儿子
hé shùn jiāo wǎng tóng shí jiāng liǎng gè nǚ ér é huáng hé nǚ yīng jià gěi shùn yáo
和舜交往，同时将两个女儿娥皇和女英嫁给舜。尧
hái lǚ yòng jiān nán zhī shì shì tàn tā shùn měi cì dōu néng shùn lì guò guān shùn fǔ zuǒ yáo èr shí bā nián jǔ xián rèn néng bǎ guó jiā zhì lǐ de hěn tài píng yáo jué de shùn shì kě xìn lài de rén biàn bǎ dì wèi shàn ràng gěi tā
还屡用艰难之事试探他，舜每次都能顺利过关。舜辅佐尧二十八年，举贤任能，把国家治理得很太平。尧觉得舜是可信赖的人，便把帝位禅让给他。

清彩绘本《帝鉴图说》插图《孝德升闻》，讲述帝舜孝行品德誉满天下的故事

第七章

导读

在本章中，作者用比兴的方法，阐述人们因为受物欲的蒙蔽，而难以实行中庸之道的现实。

原文

zǐ yuē rén jiē yuē yú zhì qū ér nà zhū
子曰：“人皆曰‘予知’，驱而纳诸
gǔ huò xiàn jǐng zhī zhōng ér mò zhī zhī bì yě rén
罟、擭、陷阱之中，而莫之知辟也。人
jiē yuē yú zhì zé hū zhōng yōng ér bù néng jī yuè
皆曰‘予知’，择乎中庸，而不能期月
shǒu yě
守也。”

释义

孔子说：“人人都说自己聪明，可是被驱赶到罗网、陷阱之中，却又不知道躲避。人人都说自己聪明，可是选择了中庸之道，却连一个月也不能坚持。”

清殿藏本孔子画像

映雪读书

dōng jìn shí yǒu yí gè jiào sūn kāng de rén cóng xiǎo jiā li jiù hěn qióng
东晋时有一个叫孙康的人，从小家里就很穷，
lián dēng yóu yě mǎi bu qǐ suī rán zhè yàng tā hái shi xiǎng jìn bàn fǎ dú shū
连灯油也买不起，虽然这样，他还是想尽办法读书。

yí gè dà xuě fēn fēi de dōng yè sūn kāng shí zài shuì bu zháo jiù ná
一个大雪纷飞的冬夜，孙康实在睡不着，就拿
chū yì běn shū zài yuè guāng xià kàn kě shì kàn le bù yí huì er jiù gǎn dào
出一本书在月光下看，可是看了不一会儿，就感到
liǎng yǎn fā zhàng hòu lái tā gān cuì pā dào xuě dì shang jī xuě xiàng yí miàn
两眼发胀。后来他干脆趴到雪地上，积雪像一面
jìng zi bǎ shū shang de zì zhào de qīng xī duō le sūn kāng jīng xǐ wàn fēn
镜子，把书上的字照得清晰多了。孙康惊喜万分，
pā zài dì shang yí dòng bú dòng de kàn shū wàng jì le hán lěng cóng cǐ yǐ
趴在地上一动不动地看书，忘记了寒冷。从此以
hòu fán shì yǒu yuè guāng de xuě yè sūn kāng jiù yòng zhè zhǒng bàn fǎ lái dú
后，凡是有月光的雪夜，孙康就用这种办法来读
shū zhǎng dà hòu
书。长大后，
píng zhe kǔ dú xué dào
凭着苦读学到
de zhī shi sūn kāng
的知识，孙康
chéng wéi yì míng dà xué
成为一名大学
wen jiā bìng zuì zhōng
问家，并最终
zuò dào yù shǐ dà fū
做到御史大夫
de gāo guān
的高官。

清任伯年绘《映雪读书图》（局部），描绘古人在雪夜读书的场景

第八章

导读

在本章中，颜回因为努力践行中庸之道，受到孔子的高度称赞。

原文

zǐ yuē huí zhī wéi rén yě zé hū zhōngyōng dé yī
子曰：“回之为人也，择乎中庸，得一
shàn zé quánquán fú yīng ér fú shī zhī yǐ
善，则拳拳服膺而弗失之矣。”

释义

孔子说：“颜回就是这样一个人，他选择了中庸之道，得到一条好的道理，就牢记在心上，再也不让它失去。”

故事

颜回安贫

清殿藏本颜回画像

kǒng zǐ rèn wéi yán huí suī rán jiā jìng
孔子认为，颜回虽然家境
pín hán dàn zài suǒ yǒu de xué shēng zhōng tā
贫寒，但在所有的学生中，他
dé xíng zuì hǎo yě zuì hào xué tā cháng yǐ
德行最好，也最好学。他常以

yán huí zuò bǎng yàng jiào yù qí tā dì zǐ
颜回做榜样，教育其他弟子。

yǒu yí cì kǒng zǐ qù bì yì bàn gè duō yuè huí lái shí fā xiàn yán huí
有一次，孔子去费邑半个多月，回来时发现颜回
miàn huáng jī shòu dào tā jiā li kàn guo hòu gǎn kǎi de duì xué shēng men shuō
面黄肌瘦，到他家里看过后，感慨地对学生们说：
yán huí zhè ge rén zhēn shì tài xián liáng le yì zhú kuāng fàn yì piáo qīng shuǐ
“颜回这个人真是太贤良了！一竹筐饭，一瓢清水，
zhù zài jiǎn lòu de xiǎo xiàng zi li bié rén yōu chóu de shòu bu liǎo yán huí què
住在简陋的小巷子里，别人忧愁得受不了，颜回却
ān xīn xué xí yì zhí gǎn dào mǎn zú hé kuài lè jiē zhe kǒng zǐ yòu shuō
安心学习，一直感到满足和快乐。”接着，孔子又说，
jǐn guǎn dān sì piáo yǐn wèi hé yán huí xué yè hái shi bú duàn jìn bù yīn wèi
“尽管箪食瓢饮，为何颜回学业还是不断进步？因为
tā shǐ zhōng bǎ ān pín lè dào zuò wéi zì jǐ de jīng shén jì tuō a duì yán huí
他始终把安贫乐道作为自己的精神寄托啊！”对颜回
jǐ yǔ le hěn gāo píng jià
给予了很高评价。

明阙名撰《孔门儒教列传》之《颜回陋巷乐道》，描绘颜回居陋巷安贫乐学的场景

第九章

导读

本章论述中庸难以实行的情况。孔子用极难做到的三件事，衬托了中庸之道看起来容易，实行起来却很难。

原文

zǐ yuē　tiān xià guó jiā kě jūn yě　jué lù kě cí yě

子曰：“天下国家可均也，爵禄可辞也，

bái rèn kě dǎo yě　zhōng yōng bù kě néng yě

白刃可蹈也，中庸不可能也。”

释义

孔子说：“天下国家是可以治理的，官爵和俸禄是可以放弃的，锋利的刀刃是可以踩踏的，但中庸之道却不容易做到。”

故事

观器论道

清人绘《历代帝王圣贤名臣大儒遗像》中的孔子画像

chūn qiū shí　kǒng zǐ zài lǔ huán

春秋时，孔子在鲁桓

gōng de zōng miào li cān guān shí kàn dào yì zhǒng qīng xié ér bù róng yì fàng zhèng
公的宗庙里参观时，看到一种倾斜而不容易放正
de róng qì biàn wèn shǒu miào rén zhè shì shén me qì jù shǒu miào rén shuō zhè
的容器，便问守庙人这是什么器具。守庙人说：“这
shì yòu zuò zhī qì fàng zài zuò wèi yòu bian yòng yǐ jǐng jiè zì jǐ de qì jù
是宥坐之器（放在座位右边用以警戒自己的器具）。”
kǒng zǐ shuō wǒ tīng shuō zhè zhǒng qì jù kōng de shí hou jiù qīng xié zhuāng
孔子说：“我听说这种器具空的时候就倾斜，装
shàng yí bàn shuǐ jiù duān zhèng zhuāng mǎn le shuǐ jiù fān dǎo
上一半水就端正，装满了水就翻倒。”

kǒng zǐ huí guò tóu duì xué
孔子回过头对学
shēng men shuō bú xìn nǐ men
生们说：“不信你们
guàn shuǐ shì yi shì yú shì
灌水试一试！”于是，
xué shēng men yǎo shuǐ wǎng qì jù lǐ
学生们舀水往器具里
miàn guàn guàn dào yí bàn shí
面灌，灌到一半时，
qì jù jiù duān zhèng guàn mǎn
器具就端正；灌满
le shuǐ qì jù jiù fān dǎo le
了水，器具就翻倒了。
kǒng zǐ gǎn kǎi de shuō nǎ yǒu
孔子感慨地说：“哪有
mǎn le ér bù fān dǎo de kàn
满了而不翻倒的？看
lái zuò rén yí dìng yào bǎo chí
来，做人一定要保持
qiān xū de tài dù jiāo ào zì mǎn
谦虚的态度，骄傲自满
dìng huì zhāo zhì shī bài a
定会招致失败啊！”

明焦竑著《养正图解》插图《欹器示戒》，描绘孔子与学生在鲁桓公宗庙观看欹器，并一起讨论的场景

第十章

导读

在本章中，孔子和子路讨论“强”的问题。孔子没有直接给子路明确的答案，而是采用启发的方式，让子路自己去体会什么是真正的“强”。在孔子心中，真正的“强”一定是合乎中庸的精神，过与不及都不可取。

原文

zǐ lù wèn qiáng zǐ yuē nán fāng zhī qiáng yú běi
子路问强。子曰：“南方之强与？北
fāng zhī qiáng yú yì ěr qiáng yú kuān róu yǐ jiào bú bào
方之强与？抑而强与？宽柔以教，不报
wú dào nán fāng zhī qiáng yě jūn zǐ jū zhī rèn jīn gé
无道，南方之强也，君子居之。衽金革，
sǐ ér bú yàn běi fāng zhī qiáng yě ér qiáng zhě jū zhī gù
死而不厌，北方之强也，而强者居之。故
jūn zǐ hé ér bù liú qiáng zāi jiǎo zhōng lì ér bù yǐ
君子和而不流，强哉矫！中立而不倚，
qiáng zāi jiǎo guó yǒu dào bú biàn sè yān qiáng zāi jiǎo
强哉矫！国有道，不变塞焉，强哉矫！
guó wú dào zhì sǐ bú biàn qiáng zāi jiǎo
国无道，至死不变，强哉矫！”

释义

子路问孔子什么是强。孔子说：“你问的是南方的强呢？北方的强呢？还是你认为的强呢？用宽容柔和的精神感化人，别人不讲道理也不报复，这是南方的强，君子具有这种强。用兵器甲胄当枕席，死了也不后悔，这是北方的强，勇武好斗的人具有这种强。所以君子和顺而不随波逐流，这才是真正的强啊！保持中立而不偏不倚，这才是真正的强啊！国家政治清明，不改变志向，这才是真正的强啊！国家政治混乱，宁死不变操守，这才是真正的强啊！”

故事

史鱼刚直

chūn qiū mò nián wèi guó yǒu gè
春秋末年，卫国有个
zhù míng de shǐ guān míng qiū zì zǐ
著名的史官，名鳅，字子
yú yǐ zhèng zhí gǎn jiàn zhù chēng dāng
鱼，以正直敢谏著称。当
shí wèi líng gōng rèn yòng chǒng chén mí
时，卫灵公任用宠臣弥
zǐ xiá bǎ cháo tíng gǎo de wū yān zhàng
子瑕，把朝廷搞得乌烟瘴
qì hěn duō yǒu cái néng de dà chén dé
气，很多有才能的大臣得
bu dào zhòng yòng shǐ yú shì cháo zhōng zuì
不到重用。史鱼是朝中最
gǎn shuō huà de rén céng mào zhe shēng mìng
敢说话的人，曾冒着生命
wēi xiǎn duō cì zhǐ chū wèi líng gōng de quē
危险，多次指出卫灵公的缺

清人绘《历代名臣像解》中的史鱼画像

点。他知道大夫蘧伯玉知书达理，曾多次向卫灵公举荐，但卫灵公都不听。可他现在已经病得很重，临死时，还艰难地命人写下遗书，要求卫灵公摒退弥子瑕，任用蘧伯玉主持朝政。

孔子知道这件事后，评论说：“好一个刚直不屈的史鱼，政治清明时像箭一样直，政治黑暗时也像箭一样直。”

明汪廷讷撰《人镜阳秋》插图《史鱼死谏》，描绘史鱼病危前仍不忘进谏卫灵公的场景

第十一章

导读

在本章中，作者谈论了三种人，追求扬名和半途而废的人，孔子都不赞同。行为合乎中庸之道，虽默默无闻却不后悔的人，孔子认为可以称得上是“圣者”。

原文

zǐ yuē sù yǐn xíng guài hòu shì yǒu shù yān wú fú
子曰：“素隐行怪，后世有述焉，吾弗
wéi zhī yǐ jūn zǐ zūn dào ér xíng bàn tú ér fèi wú fú
为之矣。君子遵道而行，半涂而废，吾弗
néng yǐ yǐ jūn zǐ yī hū zhōng yōng dùn shì bú jiàn zhī ér bù
能已矣。君子依乎中庸，遁世不见知而不
huǐ wéi shèng zhě néng zhī
悔，唯圣者能之。”

释义

孔子说：“探寻隐僻的道理，做些怪诞的事情，后世也许会有人称赞他，但我是绝对不会这样做的。君子按照中庸之道去做事，但有的人却半途而废，而我是绝对不会停止的。君子遵循中庸之道，即使默默无闻不被人知道也不后悔，只有圣人才能做得到。”

许由洗耳

xǔ yóu shì shàng gǔ chuán shuō zhōng de yí wèi yǐn shì pǐn xíng gāo jié dàn
许由是上古传说中的一位隐士，品行高洁，淡
bó míng lì yíng dé dì yáo de zūn zhòng bù jǐn duō cì xiàng tā qǐng jiào chǔ shì
泊名利，赢得帝尧的尊重，不仅多次向他请教处世
wéi jūn zhī dào shèn zhì xiǎng bǎ shǒu lǐng zhī wèi shàn ràng gěi tā xǔ yóu wú yì
为君之道，甚至想把首领之位禅让给他。许由无意
gōng míng lì lù tuī cí bú qù bìng
功名利禄，推辞不去，并
qiě táo dào yǐng shuǐ zhī bīn de jī shān jiǎo xià
且逃到颍水之滨的箕山脚下
yǐn jū
隐居。

hòu lái dì yáo yòu pài shǐ zhě qù
后来，帝尧又派使者去
qǐng xǔ yóu dān rèn jiǔ zhōu zhǎng xǔ yóu
请许由担任九州长。许由
jué de shǐ zhě lái qǐng tā zuò guān de huà bù
觉得使者来请他做官的话不
gān jìng diàn wū le zì jǐ de ěr duo
干净，玷污了自己的耳朵，
shì yì zhǒng wǔ rǔ yú shì jiù pǎo dào
是一种侮辱，于是就跑到
yǐng shuǐ hé biān qù xǐ ěr duo biǎo shì bù
颍水河边去洗耳朵，表示不
xiǎng zài tīng dào zhè zhǒng huà biǎo xiàn chū
想再听到这种话，表现出
xián rén gū ào qīng gāo ān pín lè dào de
贤人孤傲清高、安贫乐道的
gāo jié pǐn zhì
高洁品质。

清任伯年绘《洗耳图》，描绘许由拒绝帝尧的出仕邀请，隐居箕山，与朋友巢父对话的场景

第十二章

导读

从本章开始至二十章，论述的重点是“道不可离”。本章讲的是君子所坚守的中庸之道，用处很广，却又精微难见。通过“夫妇”和“圣人”的对比，说明即使是圣人也有局限性，也未必能体会中庸之道的精微之处，然而它又是无处不在的。

原文

jūn zǐ zhī dào fèi ér yǐn fū fù zhī yú kě yǐ yù zhī
君子之道费而隐。夫妇之愚，可以与知
yān jí qí zhì yě suī shèng rén yì yǒu suǒ bù zhī yān fū
焉，及其至也，虽圣人亦有所不知焉。夫
fù zhī bú xiào kě yǐ néng xíng yān jí qí zhì yě suī shèng
妇之不肖，可以能行焉；及其至也，虽圣
rén yì yǒu suǒ bù néng yān
人亦有所不能焉。

释义

君子之道广大而精微。普通男女虽然愚昧，也可以知道君子之道；至于道的最高境界，即便是圣人也有弄不清楚的地方。普通男女虽然不贤明，也可以实行君子之道；至于道的最高境界，即便是圣人也有做不到的地方。

故事

以蒙养正

孔颖达是唐代经学家，曾奉唐太宗之命主编《五经正义》。他融合南北经学家的见解，极力主张贵贱尊卑的区别，形成唐代义疏派。唐代科举取士的教材就出自孔颖达之手。

一次，孔颖达为唐太宗解答《论语》中的疑问时，说："圣人施行教化，目的是使人们谦虚谨慎。正如《易经》说的'以蒙养正，以明夷莅众'，如果居高位而炫耀聪明，掩饰过错，不听忠告，必然会造成心意不通，上下隔阂，甚至是身死国灭呀！"唐太宗非常赞同孔颖达的观点。

明仇英绘《帝王道统万年图册》之一，描绘唐太宗亲临国子监，命孔颖达讲孝经，四方学者云集的场景

原文

tiān dì zhī dà yě rén yóu yǒu suǒ hàn gù jūn zǐ yǔ
天地之大也，人犹有所憾。故君子语
dà tiān xià mò néng zài yān yǔ xiǎo tiān xià mò néng pò yān
大，天下莫能载焉；语小，天下莫能破焉。
shī yún yuān fēi lì tiān yú yuè yú yuān yán qí
《诗》云："鸢飞戾天，鱼跃于渊。"言其
shàng xià chá yě jūn zǐ zhī dào zào duān hū fū fù jí qí
上下察也。君子之道，造端乎夫妇，及其
zhì yě chá hū tiān dì
至也，察乎天地。

释义

天地如此之大，但人们仍有不满足的地方。所以君子说到"大"，就大得连整个天下都载不下；说到"小"，就小得连一点儿也分不开。《诗经·大雅·旱麓》说："老鹰飞向高空，鱼儿跃入深渊。"说的是君子之道在天地之间都是显明昭著的。君子之道，开始于普通男女，但它的最高境界却在天地之间发扬光大。

故事

望洋兴叹

清人绘《历代名臣像解》中的庄子画像

zhuāng zǐ shì zhàn guó shí sī xiǎng jiā zài qí
庄子是战国时思想家，在其
zhù zuò zhuāng zǐ zhōng jiǎng guo zhè yàng yì zé gù
著作《庄子》中讲过这样一则故
shi qiū tiān fā hóng shuǐ de shí hou wú shù hé liú
事：秋天发洪水的时候，无数河流

huì rù huáng hé hé shuǐ shàng zhǎng hé miàn kuān kuò lián duì àn de niú mǎ dōu
汇入黄河，河水上涨，河面宽阔，连对岸的牛马都
kàn bu jiàn jiàn cǐ qíng jǐng huáng hé zhī shén hé bó fēi cháng dé yì yǐ wéi
看不见。见此情景，黄河之神河伯非常得意，以为
zì jǐ zhè lǐ shì tiān xià zuì zhuàng lì de jǐng sè
自己这里是天下最壮丽的景色。

tā shùn liú dōng xià lái dào běi hǎi zhǐ jiàn yí piàn wāng yáng màn wú
他顺流东下，来到北海，只见一片汪洋，漫无
biān jì bù jīn dà chī yì jīng hé bó cán kuì de duì hǎi shén ruò shuō sú huà
边际，不禁大吃一惊。河伯惭愧地对海神若说：“俗话
shuō dǒng de xǔ duō dào lǐ jiù yǐ wéi méi yǒu shéi néng bǐ de shàng zì jǐ shuō
说‘懂得许多道理就以为没有谁能比得上自己’，说
de jiù shì wǒ zhè yàng de rén na xiàn zài kàn dào nǐ de guǎng bó wú biān cái zhī
的就是我这样的人哪。现在看到你的广博无边，才知
dào zì jǐ de kuáng wàng wú zhī yào bú shì dào nǐ zhè lǐ kàn yi kàn wǒ jiāng
道自己的狂妄无知，要不是到你这里看一看，我将
yǒng yuǎn bèi nà xiē jiàn duō shí guǎng de rén chǐ xiào wa
永远被那些见多识广的人耻笑哇！”

元张渥绘《九歌图》中的河伯图

第十三章

导读

在本章中，孔子指出道离人并不遥远，只要能做到忠恕（己所不欲，勿施于人），就差不多能到达中庸了。同时，孔子提出君子之道有四条，即孝、忠、悌、信，并勉励人们要努力做到言行一致。

原文

zǐ yuē dào bù yuǎn rén rén zhī wéi dào ér yuǎn rén
子曰：“道不远人。人之为道而远人，
bù kě yǐ wéi dào shī yún fá kē fá kē qí zé bù
不可以为道。《诗》云：‘伐柯伐柯，其则不
yuǎn zhí kē yǐ fá kē nì ér shì zhī yóu yǐ wéi yuǎn
远。’执柯以伐柯，睨而视之，犹以为远。
gù jūn zǐ yǐ rén zhì rén gǎi ér zhǐ zhōng shù wéi dào bù
故君子以人治人，改而止。忠恕违道不
yuǎn shī zhū jǐ ér bú yuàn yì wù shī yú rén
远，施诸己而不愿，亦勿施于人。

释义

孔子说：“道离人并不遥远。如果有人实行道却离开了人，那是不可能实行道的。《诗经·豳风·伐柯》说：‘砍削斧柄啊砍削斧柄，斧柄的样式就在眼前。’握着斧柄砍削木头做新斧柄，但斜着眼睛一看，斧柄的样子好像还是离得很远。所以，君子总是按照人的固有之道来治理人，只要他能改正错误就行了。能够做到忠和恕，离中庸之道就不远了，如果不愿意别人把某事施加在自己身上，也不要把这件事施加给别人。”

故事

以德感人

sān guó shí wáng liè wéi rén qì dù huī hóng zài dāng dì hěn yǒu wēi wàng
三国时，王烈为人气度恢宏，在当地很有威望。
dāng shí yí gè rén tōu le bié rén yì tóu niú bèi shī zhǔ zhuō zhù tōu niú rén
当时，一个人偷了别人一头牛，被失主捉住。偷牛人
shuō wǒ tōu le nǐ de niú zěn me chéng fá wǒ dōu xíng zhǐ qiú nǐ bú yào gào
说：“我偷了你的牛，怎么惩罚我都行，只求你不要告
su wáng liè wáng liè zhī dào cǐ shì hòu lì jí tuō rén zèng gěi tōu niú rén yì pǐ
诉王烈。”王烈知道此事后，立即托人赠给偷牛人一匹
bù yǒu rén wèn tā wèi shén me zhè yàng
布。有人问他为什么这样
zuò wáng liè jiě shì dào zuò le zéi
做，王烈解释道：“做了贼
ér bú yuàn ràng wǒ zhī dào shuō míng tā
而不愿让我知道，说明他
yǒu xiū chǐ zhī xīn wǒ sòng bù gěi tā shì
有羞耻之心，我送布给他是
wèi le jī lì tā gǎi guò zì xīn
为了激励他改过自新。”

jǐ tiān hòu yí wèi lǎo rén diū le
几天后，一位老人丢了
yì bǎ jiàn yí gè rén shǒu zhe jiàn děng
一把剑，一个人守着剑等
dào bàng wǎn zhí dào wù guī yuán zhǔ cái huí
到傍晚，直到物归原主才回
jiā ér zhè ge shí jīn bú mèi de rén
家，而这个拾金不昧的人，
zhèng shì nà ge tōu niú rén dà jiā zhī dào
正是那个偷牛人。大家知道
cǐ shì hòu gèng jiā pèi fú wáng liè le
此事后，更加佩服王烈了。

清梁延年辑《圣谕像解》插图《盗牛守剑》，讲述盗牛者受王烈感化，拾到剑后坐等失主的故事

原文

jūn zǐ zhī dào sì qiū wèi néng yī yān suǒ qiú hū zǐ
“君子之道四，丘未能一焉：所求乎子
yǐ shì fù wèi néng yě suǒ qiú hū chén yǐ shì jūn wèi néng
以事父，未能也；所求乎臣以事君，未能
yě suǒ qiú hū dì yǐ shì xiōng wèi néng yě suǒ qiú hū péng
也；所求乎弟以事兄，未能也；所求乎朋
yǒu xiān shī zhī wèi néng yě yōng dé zhī xíng yōng yán zhī
友先施之，未能也。庸德之行，庸言之
jǐn yǒu suǒ bù zú bù gǎn bù miǎn yǒu yú bù gǎn jìn yán
谨，有所不足，不敢不勉，有余不敢尽。言
gù xíng xíng gù yán jūn zǐ hú bú zào zào ěr
顾行，行顾言，君子胡不慥慥尔？”

释义

“君子所遵循的道有四个方面，我孔丘连一方面也没有做到：要求儿子为父亲做的那些事，我没能做到；要求臣子为君主做的那些事，我没能做到；要求弟弟为哥哥做的那些事，我没能做到；要求做朋友应该先做的那些事，我没能做到。平常的道德要实行，平常的言谈应谨慎，这些事做得还不够，不敢不努力去弥补，即使有超过别人的地方，也不敢表现出来。说话要顾及自己的行为，做事要顾及自己的言谈，这样的君子怎么会不忠厚诚实呢？”

孟子论政

zhàn guó shí　zōu guó yǔ lǔ guó fā shēng chōng tū　zōu guó sǔn shī cǎn
　　战国时，邹国与鲁国发生冲突，邹国损失惨
zhòng　zōu mù gōng duì mèng zǐ shuō　wǒ de guān yuán zài zhè cì chōng tū zhōng sǐ
重。邹穆公对孟子说：“我的官员在这次冲突中死
le sān shí sān rén　mín zhòng què méi sǐ yí gè　tā men kàn zhe guān yuán bèi shā
了三十三人，民众却没死一个。他们看着官员被杀
què bú qù yíng jiù　zhēn xiǎng dōu shā le tā men　nǐ kàn gāi zěn me bàn ne
却不去营救，真想都杀了他们。你看该怎么办呢？”
mèng zǐ shuō　nào zāi huāng shí　bǎi xìng sì sàn táo wáng　ér nín de liáng
　　孟子说：“闹灾荒时，百姓四散逃亡，而您的粮
cāng duī mǎn liáng shi　yǒu guān bù mén bú xiàng nín bào gào zhè xiē qíng kuàng　zhè shì
仓堆满粮食，有关部门不向您报告这些情况，这是
cán hài bǎi xìng a　zēng zǐ céng shuō guo
残害百姓啊！曾子曾说过：
nǐ zěn yàng duì dài bié rén　bié rén jiù
‘你怎样对待别人，别人就
huì zěn yàng duì dài nǐ　bǎi xìng zhè cì
会怎样对待你。’百姓这次
zhōng yú yǒu jī huì bào fù guān yuán men
终于有机会报复官员们，
nín bú yào zé guài tā men　jūn wáng rú guǒ
您不要责怪他们。君王如果
shí xíng rén zhèng　bìng qǐ dài tóu zuò yòng
实行仁政，并起带头作用，
bǎi xìng yí dìng huì qīn jìn nín　zōu mù
百姓一定会亲近您。”邹穆
gōng tīng hòu bú zhù de diǎn tóu chēng shì
公听后不住地点头称是。

清殿藏本孟子画像

第十四章

导读

本章重点论述君子要安守自己的位置。作者认为，不管处于富贵、贫贱、夷狄或患难之中，君子都应该安然自得。而且，君子能端正自己，不苛求别人，遇到问题，要多从自身找原因。

原文

jūn zǐ sù qí wèi ér xíng bú yuàn hū qí wài sù fù
君子素其位而行，不愿乎其外。素富
guì xíng hū fù guì sù pín jiàn xíng hū pín jiàn sù yí dí
贵，行乎富贵；素贫贱，行乎贫贱；素夷狄，
xíng hū yí dí sù huàn nàn xíng hū huàn nàn jūn zǐ wú rù
行乎夷狄；素患难，行乎患难。君子无入
ér bú zì dé yān
而不自得焉！

释义

君子安于自己所处的地位，做应该做的事，不羡慕本分以外的事情。处于富贵的地位，就做富贵人该做的事；处于贫贱的地位，就做贫贱人该做的事；处于边远地区，就做边远地区该做的事；处于患难之中，就做患难之中该做的事。君子无论在什么情况下都是安然自得的！

曳尾涂中

zhàn guó shí zhuāng zǐ cái xué chū zhòng chǔ wēi wáng yǎng mù tā de cái huá
战国时，庄子才学出众。楚威王仰慕他的才华，
pài shǐ zhě dài zhe xǔ duō lǐ pǐn lái qǐng zhuāng zǐ dào chǔ guó zuò guān fǔ zuǒ cháo zhèng
派使者带着许多礼品来请庄子到楚国做官，辅佐朝政。

zhuāng zǐ zhèng zài pú shuǐ àn biān diào yú tīng shǐ zhě shuō míng lái yì hòu
庄子正在濮水岸边钓鱼，听使者说明来意后，
wèn shǐ zhě tīng shuō chǔ guó yǒu yì zhī shén guī yǐ jīng sǐ qù sān qiān duō nián
问使者：“听说楚国有一只神龟，已经死去三千多年
le chǔ wáng bǎ tā zhuāng zài xiá zi li zhēn cáng zài miào táng shang zuò wéi yì
了。楚王把它装在匣子里，珍藏在庙堂上。作为一
zhī shén guī lái shuō tā shì yuàn yì sǐ le liú xià shī gǔ ràng rén gòng fèng hái shi
只神龟来说，它是愿意死了留下尸骨让人供奉，还是
yuàn yì huó zhe tuō zhe wěi ba zài ní zhōng pá xíng ne shǐ zhě shuō dāng rán shì
愿意活着拖着尾巴在泥中爬行呢？”使者说：“当然是
huó zhe hǎo wa zhuāng zǐ shuō nǐ hái shi gǎn jǐn huí qù gào su chǔ wáng wǒ
活着好哇！”庄子说：“你还是赶紧回去告诉楚王，我
yuàn yì xiàng tuō zhe wěi ba zài ní zhōng pá xíng de wū guī guò yǐn jū shēng huó
愿意像拖着尾巴在泥中爬行的乌龟，过隐居生活。”
shǐ zhě wú nài zhǐ hǎo huí qù xiàng chǔ wáng fù mìng
使者无奈，只好回去向楚王复命。

明周臣绘《北溟图》，描绘庄子《逍遥游》意境

原文

zài shàng wèi bù líng xià zài xià wèi bù yuán shàng
在上位，不陵下；在下位，不援上。
zhèng jǐ ér bù qiú yú rén zé wú yuàn shàng bú yuàn tiān
正己而不求于人，则无怨。上不怨天，
xià bù yóu rén gù jūn zǐ jū yì yǐ sì mìng xiǎo rén xíng xiǎn
下不尤人。故君子居易以俟命，小人行险
yǐ jiǎo xìng zǐ yuē shè yǒu sì hū jūn zǐ shī zhū zhēng
以徼幸。子曰：“射有似乎君子，失诸正
gǔ fǎn qiú zhū qí shēn
鹄，反求诸其身。”

释义

处于上位，不欺侮在下位的人；处于下位，不巴结在上位的人。端正自己而不苛求别人，这样就不会有什么抱怨。上不抱怨天，下不责怪人。所以，君子安于现状来等待天命，小人却铤而走险，妄图获得不应得的好处。孔子说：“君子立身处世就像射箭一样，射不中靶子，就要回过头来在自己身上找原因。”

故事

越俎代庖

shàng gǔ shí qī dì yáo xián dá qiān xùn tā tīng shuō yǐn shì xǔ yóu
上古时期，帝尧贤达谦逊，他听说隐士许由

hěn yǒu cái néng biàn xiǎng bǎ dì wèi shàn ràng gěi tā
很有才能，便想把帝位禅让给他。

xǔ yóu wú yì gōng míng lì lù jù jué le dì yáo de hǎo yì xǔ
许由无意功名利禄，拒绝了帝尧的好意。许
yóu shuō nín yǐ jīng bǎ tiān xià
由说：“您已经把天下
zhì lǐ de hěn hǎo le rú guǒ wǒ
治理得很好了，如果我
lái jiē tì nín bú shì gū míng
来接替您，不是沽名
diào yù ma jiāo liáo zài shù lín
钓誉吗？鹪鹩在树林
li zhù cháo bú guò zhàn yì gēn
里筑巢，不过占一根
shù zhī yǎn shǔ dào huáng hé biān
树枝；鼹鼠到黄河边
hē shuǐ bú guò hē bǎo zì jǐ de
喝水，不过喝饱自己的
dù zi tiān xià duì wǒ yǒu shén
肚子。天下对我有什
me yòng ne suàn le ba chú
么用呢？算了吧，厨
shī bú zuò jì sì yòng de fàn cài
师不做祭祀用的饭菜，
zhǎng guǎn jì sì de rén yě bù néng
掌管祭祀的人也不能
yuè guò guǎn lǐ lǐ qì de zhí zé
越过管理礼器的职责
qù dài tì chú shī xià chú fáng zuò
去代替厨师下厨房做
fàn ya suí hòu xǔ yóu pǎo
饭呀！”随后，许由跑
dào yǐng shuǐ zhī bīn de jī shān jiǎo
到颍水之滨的箕山脚
xià yǐn jū qǐ lái
下隐居起来。

南宋马麟绘帝尧画像

第十五章

导读

在本章中，作者引用《诗经》和孔子的话，论述中庸之道要从身边做起。首先要做好“齐家”的工作，处理好夫妻、兄弟之间的关系，才能使父母满意，这是实践中庸之道的开始。

原文

jūn zǐ zhī dào pì rú xíng yuǎn bì zì ěr pì rú dēng
君子之道，辟如行远必自迩，辟如登
gāo bì zì bēi shī yuē qī zǐ hǎo hé rú gǔ sè
高必自卑。《诗》曰：“妻子好合，如鼓瑟
qín xiōng dì jì xī hé lè qiě dān yí ěr shì jiā lè
琴。兄弟既翕，和乐且耽。宜尔室家，乐
ěr qī nú zǐ yuē fù mǔ qí shùn yǐ hū
尔妻帑。”子曰：“父母其顺矣乎！”

释义

君子实行中庸之道，就像走远路一样，必须要从近处开始；就像登高山一样，必须要从低处爬起。《诗经·小雅·常棣》说：“妻子儿女感情和睦，就像弹琴鼓瑟一样和谐。兄弟关系融洽，和顺又快乐。使你的家庭美满，使你的妻儿快乐。”孔子赞叹说：“如果能够做到这样，父母就称心如意了吧！”

故事

糟糠之妻不下堂

sòng hóng shì dōng hàn shí dà chén zhǎng de yí biǎo táng táng guāng wǔ dì
宋弘是东汉时大臣，长得仪表堂堂。光武帝
liú xiù de jiě jie hú yáng gōng zhǔ sǐ le zhàng fu shǒu guǎ zài jiā liú xiù zhī dào
刘秀的姐姐湖阳公主死了丈夫，守寡在家。刘秀知道
jiě jie xǐ huan sòng hóng biàn pài rén qǐng sòng hóng lái fù yàn xiǎng wèi jiě jie cuō
姐姐喜欢宋弘，便派人请宋弘来赴宴，想为姐姐撮
he zhè mén hūn shì
合这门婚事。

xí jiān liú xiù gù yì yòng huà shì tàn sòng hóng sú huà shuō zuò le
席间，刘秀故意用话试探宋弘：“俗话说，做了
guān jiù yào huàn péng you qián duō le jiù yào huàn qī zi zhè kǒng pà shì rén zhī
官就要换朋友，钱多了就要换妻子，这恐怕是人之
cháng qíng ba bú liào sòng hóng què huí
常情吧？”不料，宋弘却回
dá shuō wǒ tīng shuō bù néng yīn wèi zì jǐ
答说：“我听说不能因为自己
de dì wèi biàn le ér wàng jì zài pín jiàn shí
的地位变了而忘记在贫贱时
jié jiāo de zhī xīn péng you bù néng yīn wèi
结交的知心朋友，不能因为
zì jǐ fù guì le jiù pāo qì tóng zì jǐ yì
自己富贵了就抛弃同自己一
qǐ chī zāo kāng guò kǔ rì zi de qī zi
起吃糟糠过苦日子的妻子。”
liú xiù tīng sòng hóng zhè me shuō hěn pèi
刘秀听宋弘这么说，很佩
fú tā de rén pǐn jiù bú zài gēn tā tí gěi
服他的人品，就不再跟他提给
jiě jie shuō méi de shì le
姐姐说媒的事了。

民国蔡振绅编《八德须知·礼义》插图《宋弘念旧》，描绘宋弘拒绝光武帝为自己提亲的场景

第十六章

导读

本章以鬼神比喻中庸之道，以“视之弗见，听之弗闻”喻道之“隐”（精微难见），以“齐明盛服，以承祭祀”喻道之“费”（广大），说明中庸之道用处很广，却又精微难见。中庸之道与鬼神之道相似，从微至著，不言自诚。

原文

zǐ yuē guǐ shén zhī wéi dé qí shèng yǐ hū shì
子曰：“鬼神之为德，其盛矣乎！视
zhī ér fú jiàn tīng zhī ér fú wén tǐ wù ér bù kě yí shǐ
之而弗见，听之而弗闻，体物而不可遗。使
tiān xià zhī rén zhāi míng shèng fú yǐ chéng jì sì yáng
天下之人，齐明盛服，以承祭祀。洋
yáng hū rú zài qí shàng rú zài qí zuǒ yòu shī yuē
洋乎！如在其上，如在其左右。《诗》曰：
shén zhī gé sī bù kě duó sī shěn kě yì sī fú wēi
‘神之格思，不可度思，矧可射思。’夫微
zhī xiǎn chéng zhī bù kě yǎn rú cǐ fú
之显，诚之不可掩如此夫！”

释义

孔子说：“鬼神的功效，真是盛大无比呀！看它却看不见，听它却听不到，可它却体现在万物之中，从来没有遗漏。让天下的人都斋戒沐浴，穿着庄重整齐的服装去祭祀它。浩浩荡荡啊！它好像飘浮在人们的头上，又好像流动在人们的左右。《诗经·大雅·抑》说：‘神的降临，不可揣测，怎么能够怠慢不敬呢？’鬼神从隐微到显著，真实的东西就是这样不可掩盖啊！”

涌泉跃鲤

dōng hàn shí jiāng shī hěn xiào shùn mǔ qīn qī zi páng shì yě xì xīn de shì
东汉时，姜诗很孝顺母亲，妻子庞氏也细心地侍
fèng pó po jiāng mǔ xǐ huan hē jiāng shuǐ páng shì biàn měi tiān dào jiāng biān gěi pó po
奉婆婆。姜母喜欢喝江水，庞氏便每天到江边给婆婆

清王素绘《二十四孝图》之《姜诗涌泉跃鲤》

tiāo shuǐ hē jiāng mǔ ài chī lǐ yú fū qī liǎ jiù cháng zuò yú gěi tā chī
挑水喝。姜母爱吃鲤鱼，夫妻俩就常做鱼给她吃。

yǒu yí cì páng shì dào jiāng biān qù tiāo shuǐ yīn zāo yù dà fēng méi
有一次，庞氏到江边去挑水，因遭遇大风，没
néng àn shí huí jiā jiāng shī rèn wéi tā gù yì dài màn bù yóu fēn shuō bǎ tā gǎn
能按时回家。姜诗认为她故意怠慢，不由分说把她赶
chū jiā mén páng shì jì jū lín jiā rì yè fǎng shā zhī bù yòng jī xù de qián
出家门。庞氏寄居邻家，日夜纺纱织布，用积蓄的钱
gěi pó po mǎi huí měi wèi shí pǐn jiāng mǔ zhī dào shì qing de zhēn xiàng hòu shí
给婆婆买回美味食品。姜母知道事情的真相后，十
fēn cán kuì jiù
分惭愧，就
ràng jiāng shī jiē
让姜诗接
huí qī zi yì
回妻子。一
tiān yuàn zi li
天，院子里
hū rán qí jì bān
忽然奇迹般
de pēn chū quán
地喷出泉
shuǐ bù jǐn rú
水，不仅如
cǐ měi tiān hái
此，每天还
yǒu liǎng wěi lǐ yú
有两尾鲤鱼
yuè chū jiāng shī
跃出，姜诗
biàn qǔ lái zuò gěi
便取来做给
mǔ qīn chī
母亲吃。

明仇英绘《二十四孝图页》之《涌泉跃鲤》

第十七章

导读

本章阐明中庸之道的功用。首先通过孔子之言，赞美舜为大德之人，因为实践中庸之道，从而获得了位、禄、名、寿；同时提醒我们要顺应天命，努力提升自己。然后，引用《诗经》之言，强调有大德之人一定会得到天命的眷顾。

原文

zǐ yuē shùn qí dà xiào yě yú dé wéi shèng rén zūn
子曰：“舜其大孝也与！德为圣人，尊
wéi tiān zǐ fù yǒu sì hǎi zhī nèi zōng miào xiǎng zhī zǐ sūn
为天子，富有四海之内，宗庙飨之，子孙
bǎo zhī gù dà dé bì dé qí wèi bì dé qí lù bì dé qí
保之。故大德必得其位，必得其禄，必得其
míng bì dé qí shòu gù tiān zhī shēng wù bì yīn qí cái ér
名，必得其寿。故天之生物，必因其材而
dǔ yān gù zāi zhě péi zhī qīng zhě fù
笃焉。故栽者培之，倾者覆
zhī shī yuē jiā lè jūn zǐ
之。《诗》曰：‘嘉乐君子，
xiǎn xiǎn lìng dé yí mín yí rén shòu
宪宪令德。宜民宜人，受
lù yú tiān bǎo yòu mìng zhī zì tiān
禄于天。保佑命之，自天
shēn zhī gù dà dé zhě bì shòu mìng
申之。’故大德者必受命。”

清人绘帝舜画像

释义

孔子说：“舜应该是最孝顺的人了！论德行他是圣人，论地位他是尊贵的天子，论财富他拥有整个天下，后代在宗庙里祭祀他，子子孙孙都保持他的功业。所以，有大德的人必然会得到应得的地位，必然会得到应得的财富，必然会得到应得的名声，必然会得到应得的寿命。因此，上天生育万物，必然会根据其资质厚待它们。可以栽种的就加以培植，倾斜枯萎的就任其覆灭。《诗经·大雅·假乐》说：‘高尚优雅的君子，有光明美好的德行。他使百姓安居乐业，享受上天赐予的福禄。上天保佑他，赋予他重大的使命，教他永享福寿。’所以，有大德的人必定会承受天命。”

故事

亲尝汤药

xī hàn shí hàn wén dì yǐ rén xiào míng
西汉时，汉文帝以仁孝名
wén tiān xià zài wèi qī jiān céng duō cì bān bù fǎ
闻天下，在位期间曾多次颁布法
lìng zhèn jì lǎo wú suǒ yī de lǎo rén bìng tí
令，赈济老无所依的老人，并提
chàng jiǎng shòu xiào jīng xuān yáng xiào dào
倡讲授《孝经》，宣扬孝道。
tā guì wéi huáng dì yǐ shēn zuò zé shí fēn
他贵为皇帝，以身作则，十分
xiào shùn mǔ qīn suī rán měi tiān dōu yào chǔ lǐ hěn
孝顺母亲。虽然每天都要处理很

清人绘《历代帝王圣贤名臣大儒遗像》中的汉文帝画像

多公务，却从不忘记到母亲的房间进行问候。后来母亲病了，汉文帝日夜精心服侍，甚至目不交睫，衣不解带，很少睡过安稳觉。每天母亲吃药时，他都要先亲口尝尝，看看药是否太热、太苦，然后才放心地给母亲吃。

汉文帝侍奉母亲长达三年之久，实在是难能可贵，他的故事也成为千古传颂的佳话。

明仇英绘《纯孝图册》之一，描绘汉文帝亲自给母亲送上汤药的场景

第十八章

导读

本章首先论述文王、武王和周公的功德，然后讨论了祭祀之礼和丧礼的作用，这些礼仪是古代和谐家庭、维系国家的纽带，尤其是丧礼，对推行孝道有着重要的作用，绝不可等闲视之。

原文

zǐ yuē wú yōu zhě qí wéi wén wáng hū yǐ wáng
子曰：“无忧者，其惟文王乎！以王
jì wéi fù yǐ wǔ wáng wéi zǐ fù zuò zhī zǐ shù zhī wǔ
季为父，以武王为子；父作之，子述之。武
wáng zuǎn tài wáng wáng jì wén wáng zhī xù yī róng yī
王缵大王、王季、文王之绪，壹戎衣
ér yǒu tiān xià shēn bù shī tiān xià zhī xiǎn míng zūn wéi tiān zǐ
而有天下，身不失天下之显名；尊为天子，
fù yǒu sì hǎi zhī nèi zōng miào xiǎng zhī zǐ sūn bǎo zhī
富有四海之内；宗庙飨之，子孙保之。
wǔ wáng mò shòu mìng zhōu gōng chéng wén wǔ zhī dé zhuī
武王末受命，周公成文、武之德，追
wàng tài wáng wáng jì shàng sì xiān gōng yǐ tiān zǐ zhī lǐ
王大王、王季，上祀先公以天子之礼。
sī lǐ yě dá hū zhū hóu dà fū jí shì shù rén fù wéi
斯礼也，达乎诸侯、大夫及士、庶人。父为
dà fū zǐ wéi shì zàng yǐ dà fū jì yǐ shì fù wéi
大夫，子为士，葬以大夫，祭以士。父为

shì zǐ wéi dà fū zàng yǐ shì jì yǐ dà fū jī zhī
士，子为大夫，葬以士，祭以大夫。期之
sāng dá hū dà fū sān nián zhī sāng dá hū tiān zǐ fù mǔ
丧，达乎大夫；三年之丧，达乎天子；父母
zhī sāng wú guì jiàn yī yě
之丧，无贵贱，一也。”

释义

孔子说：“古代帝王中没有忧愁的人，大概只有周文王吧！他有王季这样的父亲，有武王这样的儿子。父亲为他开创基业，儿子继承他的事业。武王继承太王、王季和文王的事业，消灭殷纣取得天下，他没有失去显扬天下的名声，地位尊贵至天子，拥有四海之内的财富，享受宗庙的祭祀，子孙永保他的事业。武王晚年承受天命，到周公才成就文王、武王的功德业绩，追尊太王、王季为王，用祭祀天子的礼制祭祀太王以前的先祖。这种礼制，从诸侯、大夫，一直适用到士人、百姓。如果父亲是大夫，儿子是士，父亲死了就用大夫的礼制安葬，用士的礼制祭祀。如果父亲是士，儿子是大夫，父亲死了就用士的礼制安葬，用大夫的礼制祭祀。守丧一年的丧制，从百姓通行到大夫；守丧三年的丧制，从百姓通行到天子；为父母守丧，没有贵贱之分，都是一样的。”

清人绘《历代帝王圣贤名臣大儒遗像》中的周武王画像

文王访贤

shāng cháo mò nián zhòu wáng dào xíng nì shī yǐn de zhòng pàn qīn lí zhōu
商朝末年，纣王倒行逆施，引得众叛亲离。周
wén wáng wèi miè diào shāng cháo sì chù xún fǎng xián rén dāng shí jiāng shàng qì guān
文王为灭掉商朝，四处寻访贤人。当时，姜尚弃官
táo dào shǎn xī de wèi shuǐ hé pàn měi tiān zài wèi shuǐ hé biān diào yú dàn tā diào
逃到陕西的渭水河畔，每天在渭水河边钓鱼，但他钓
yú yòng de shì zhí gōu bìng qiě bú fàng yú ěr
鱼用的是直钩，并且不放鱼饵。

zhè shì hěn kuài chuán dào wén wáng de ěr duo li wén wáng zhī dào jiāng shàng
这事很快传到文王的耳朵里，文王知道姜尚
shì nán dé de rén cái biàn dài shàng hòu lǐ qīn zì lái qǐng jiāng shàng jiāng shàng
是难得的人才，便带上厚礼亲自来请姜尚。姜尚
jiàn wén wáng chéng xīn chéng yì biàn gāo
见文王诚心诚意，便高
xìng de dā ying le dàn jiāng shàng tí
兴地答应了。但姜尚提
chū ràng wén wáng qīn zì lā chē bǎ
出，让文王亲自拉车把
zì jǐ jiē huí qù wén wáng yě tòng
自己接回去，文王也痛
kuài de dā ying le jiāng shàng suí wén
快地答应了。姜尚随文
wáng rù cháo dāng le jūn shī hòu lái
王入朝当了军师，后来
fǔ zuǒ wén wáng wǔ wáng tǎo fá zhòu
辅佐文王、武王讨伐纣
wáng wèi xī zhōu wáng cháo de jiàn lì
王，为西周王朝的建立
lì xià hàn mǎ gōng láo
立下汗马功劳。

清殿藏本姜太公画像

明戴进绘《渭滨垂钓图》，讲述周文王在渭水之滨遇到姜太公，礼聘他为军师的故事

第十九章

导读

本章首先赞颂武王、周公之孝，因为他们能继承先人遗志和未竟的事业。其次，重点讨论了祭祀与宗庙之礼，这些礼制在今天看似烦琐，但在当时却意义重大。如“事死如事生，事亡如事存”，是孝的极致；而郊社之礼、宗庙之礼则在治国中发挥着重要作用。

原文

zǐ yuē wǔ wáng zhōu gōng qí dá xiào yǐ hū
子曰：“武王、周公，其达孝矣乎！
fú xiào zhě shàn jì rén zhī zhì shàn shù rén zhī shì zhě yě
夫孝者，善继人之志，善述人之事者也。
chūn qiū xiū qí zǔ miào chén qí zōng qì shè qí cháng yī
春秋修其祖庙，陈其宗器，设其裳衣，
jiàn qí shí shí
荐其时食。

释义

孔子说：“武王和周公，都是通达孝道的人吧！所谓孝，就是善于继承先人的遗志，善于完成先人未竟的事业。春秋时节，修理先人的祖庙，陈列先世所藏的祭器，摆设先人的衣物，供奉应时的食品。

故事

司马迁著史记

司马迁是西汉史学家、文学家和思想家。早年遍游大江南北，考察名胜古迹，访问史事传说，调查社会风俗。太初元年（前104年），开始创作《史记》。

但不久，司马迁卷入李陵案中。当时，李陵与匈奴作战，因寡不敌众而投降。司马迁替李陵辩护，惹恼了汉武帝，因此获罪入狱，遭受宫刑。蒙受如此大辱，司马迁很想一死了之，但想到父亲的重托和自己未竟的事业，他打消自杀的念头，决定忍辱负重，苟且存活。出狱后，司马迁任中书令，在逆境中发奋著述，最终完成千古名著《史记》。

清人绘司马迁画像

原文

zōng miào zhī lǐ suǒ yǐ xù zhāo mù yě xù jué suǒ
“宗庙之礼，所以序昭穆也；序爵，所
yǐ biàn guì jiàn yě xù shì suǒ yǐ biàn xián yě lǚ chóu xià
以辨贵贱也；序事，所以辨贤也；旅酬下
wéi shàng suǒ yǐ dài jiàn yě yàn máo suǒ yǐ xù chǐ yě
为上，所以逮贱也；燕毛，所以序齿也。
jiàn qí wèi xíng qí lǐ zòu qí yuè jìng qí suǒ zūn ài
践其位，行其礼，奏其乐，敬其所尊，爱
qí suǒ qīn shì sǐ rú shì shēng shì wáng rú shì cún xiào zhī
其所亲，事死如事生，事亡如事存，孝之
zhì yě jiāo shè zhī lǐ suǒ yǐ shì shàng dì yě zōng miào zhī
至也。郊社之礼，所以事上帝也；宗庙之
lǐ suǒ yǐ sì hū qí xiān yě míng hū jiāo shè zhī lǐ dì
礼，所以祀乎其先也。明乎郊社之礼、禘
cháng zhī yì zhì guó qí rú shì zhū zhǎng hū
尝之义，治国其如示诸掌乎！”

释义

明佚名绘《孔子圣迹图》之《汉高祀鲁》（局部），描绘汉高祖刘邦在孔庙祭祀时的场景

“宗庙祭礼的礼仪，是为了排列左昭右穆的次序；按爵位排列次序，是为了区分贵贱；按职务排列次序，是为了区别才能的高低；祭祀后大家举杯劝酒，晚辈向长辈敬酒，是为了显示先祖

的恩惠已经达到地位低贱者身上；祭祀完毕举行宴会，按头发黑白排列座次，是为了区分长幼的顺序。站在合适的位置上，举行先王传下的祭礼，演奏先王留下的音乐，尊敬先王所尊敬的祖先，爱护先王所爱护的子孙臣民，侍奉死者如同侍奉生者一样，侍奉逝去的如同侍奉现存的一样，这是孝的最高境界。祭祀天地的礼仪，是用来侍奉上天的；祭祀宗庙的礼仪，是用来祭祀祖先的。明白了祭祀天地的礼仪和天子宗庙大祭、秋祭等祭祀的意义，治理国家就像看自己手掌上的东西一样容易了！”

故事

丙吉问牛

bǐng jí shì xī hàn shí rén chū shēn yù lì céng shě shēn bǎo hù guo yòu
丙吉是西汉时人，出身狱吏，曾舍身保护过幼
nián de xuān dì chéng xiàng wèi xiàng bìng sǐ
年的宣帝。丞相魏相病死
hòu tā jì rèn chéng xiàng yīn zhèng jì
后，他继任丞相，因政绩
zhuó zhù bèi fēng wéi bó yáng hóu yí
卓著，被封为博阳侯。一
cì bǐng jí wài chū xún shì yù dào mín
次，丙吉外出巡视，遇到民
zhòng dòu ōu méi yǒu duō jiā lǐ huì bù
众斗殴，没有多加理会。不
jiǔ tā yòu kàn dào yí gè nóng fū gǎn zhe
久，他又看到一个农夫赶着
niú zǒu zài xiāng jiān de xiǎo lù shang nà niú
牛走在乡间的小路上。那牛
shēn zhe shé tou dà kǒu chuǎn zhe cū qì
伸着舌头，大口喘着粗气。

清人绘《历代名臣像解》中的丙吉画像

清康熙五彩《丙吉问牛人物故事图》大盘

bǐng jí xià chē wèn nóng fū zhè tóu
丙吉下车问农夫：“这头
niú zǒu le jǐ lǐ lù wèi shén me
牛走了几里路？为什么
chuǎn de zhè me lì hai
喘得这么厉害？”
suí xíng de yí gè guān lì gǎn
随行的一个官吏感
dào hěn qí guài wèn bǐng jí mín
到很奇怪，问丙吉：“民
zhòng dòu ōu dà ren dōu bù wén bú wèn
众斗殴大人都不闻不问，
niú chuǎn cū qì zhè diǎn xiǎo shì nǎ lǐ
牛喘粗气这点小事哪里
zhí dé nín guò wèn ne bǐng jí jiě shì shuō mín zhòng dòu ōu de shì zì yǒu
值得您过问呢？”丙吉解释说：“民众斗殴的事自有
dì fāng guān qù guǎn xiàn zài shì chū chūn shí jié tiān qì bú tài rè niú què rè
地方官去管。现在是初春时节，天气不太热，牛却热
de zhí chuǎn zhè shì qì hòu fǎn cháng suǒ zhì kǒng pà jīn nián shōu cheng bú huì hǎo
得直喘，这是气候反常所致，恐怕今年收成不会好
ba zhè shì guān xì guó jì mín shēng de dà shì nán dào bù yīng shì wǒ suǒ guān xīn
吧！这是关系国计民生的大事，难道不应是我所关心
de ma zhòng rén tīng hòu dōu fēi cháng pèi fú bǐng jí
的吗？”众人听后，都非常佩服丙吉。

宋佚名绘《问喘图》，描绘丙吉询问农夫牛喘气的原因是否与气候失调有关的场景

第二十章

导读

本章中，孔子向鲁哀公阐述自己的政治观点时指出，君子要治国，就必须修身，要修身就必须事亲，要事亲就必须知人，要知人就必须知天。同时，提出五种道理（君臣、父子、夫妇、兄弟、朋友之道）、三种德行（智、仁、勇）和治理国家的九条准则，而达到这些目的，就必须要做到“诚”，“诚身明善”才是治民之本。

原文

āi gōng wèn zhèng　zǐ yuē　wén　wǔ zhī zhèng　bù
哀公问政。子曰：“文、武之政，布
zài fāng cè　qí rén cún　zé qí zhèng jǔ　qí rén wáng　zé
在方策。其人存，则其政举；其人亡，则
qí zhèng xī　rén dào mǐn zhèng　dì dào mǐn shù　fú zhèng yě
其政息。人道敏政，地道敏树。夫政也
zhě　pú lú yě　gù wéi zhèng zài rén　qǔ rén yǐ shēn　xiū
者，蒲卢也。故为政在人，取人以身，修
shēn yǐ dào　xiū dào yǐ rén
身以道，修道以仁。

释义

鲁哀公向孔子询问治理国家的方法。孔子说：“周文王和周武王的政事，都记载在典籍上。他们在世的时候，这些政事就能实施；他们去世后，这些政事就废弛了。贤人治理国家，政事就能迅速推行；在沃土上植树，树木就能快速生长。说起来，政事就像芦苇一样，得了地力就能够快速生长。所以，处理好政事在于用什么样的人，想得到人才就要修养自身，修养自身就要遵循中庸之道，遵循中庸之道就要从仁爱做起。

孔子与鲁哀公

chūn qiū shí kǒng zǐ zhōu yóu liè guó huí dào lǔ guó lǔ āi gōng qīn zì jiē
春秋时，孔子周游列国回到鲁国，鲁哀公亲自接
jiàn kǒng zǐ bìng xiàng tā qǐng jiào zhì guó zhī dào kǒng zǐ gào su lǔ āi gōng yào
见孔子，并向他请教治国之道。孔子告诉鲁哀公，要
xiǎng zhì lǐ hǎo guó jiā guān jiàn shì tiāo xuǎn hǎo dà chén tí bá zhèng zhí de rén
想治理好国家，关键是挑选好大臣，提拔正直的人。

dāng shí qí guó de chén chéng zǐ shā sǐ qí jiǎn gōng kǒng zǐ tīng shuō hòu
当时，齐国的陈成子杀死齐简公，孔子听说后
fēi cháng qì fèn shàng cháo bǐng gào lǔ āi gōng xī wàng tā chū bīng tǎo fá chén chéng
非常气愤，上朝禀告鲁哀公，希望他出兵讨伐陈成
zǐ lǔ āi gōng pài kǒng zǐ gào su zhí zhèng de sān jiā dà fū dàn tā men dōu bù
子。鲁哀公派孔子告诉执政的三家大夫，但他们都不
tóng yì chū bīng kǒng zǐ xìng xìng de huí dào
同意出兵。孔子悻悻地回到
jiā li duì lǔ āi gōng chè dǐ shī wàng
家里，对鲁哀公彻底失望。

hòu lái kǒng zǐ qù shì lǔ āi gōng hěn
后来，孔子去世，鲁哀公很
shāng xīn tòng kū dào cāng tiān na nǐ
伤心，痛哭道："苍天哪，你
bù lián mǐn wǒ jìng bú yuàn ràng yí gè lǎo
不怜悯我，竟不愿让一个老
rén liú xià ér ràng wǒ dú zì bēi shāng
人留下，而让我独自悲伤！"

清焦秉贞绘《孔子圣迹图》之《孔子见鲁哀公》，描绘孔子拜见鲁哀公的场景

原文

rén zhě rén yě qīn qīn wéi dà yì zhě yí yě
"仁者，人也，亲亲为大；义者，宜也，
zūn xián wéi dà qīn qīn zhī shài zūn xián zhī děng lǐ suǒ shēng
尊贤为大。亲亲之杀，尊贤之等，礼所生
yě zài xià wèi bú huò hū shàng mín bù kě dé ér zhì yǐ
也。在下位不获乎上，民不可得而治矣。
gù jūn zǐ bù kě yǐ bù xiū shēn sī xiū shēn bù kě yǐ bú shì
故君子不可以不修身。思修身，不可以不事
qīn sī shì qīn bù kě yǐ bù zhī rén sī zhī rén bù kě
亲；思事亲，不可以不知人；思知人，不可
yǐ bù zhī tiān
以不知天。

释义

"仁就是爱人，爱自己的亲族是最大的仁；义就是凡事做得适宜，尊重贤人是最大的义。爱亲人要有亲疏之分，尊重贤人要有等级之别，礼便由此而产生。处在下位的人得不到上级的信任，人民就不可能治理好。所以，君子不可以不修养自身。要想修养自身，就不能不侍奉亲人；要想侍奉亲人，就不能不了解他人；要想了解他人，就不能不知道天理。

故事

戏彩娱亲

老莱子是春秋时楚国人，对父母非常孝顺。为了让父母开心，老莱子经常穿着颜色鲜艳的衣服，做出婴儿的模样，在父母身边游戏歌舞，让他们高兴；或者在父母面前摆弄小鸟，并做出顽皮的样子，逗父母开心。有一次，他挑着两桶水来到堂上，进屋时故意跌倒，把水洒了一地，弄得自己身上湿淋淋的，而他则躺在地上学婴儿哭，样子十分滑稽，逗得年迈的父母哈哈大笑。

清王素绘《二十四孝图》之《老莱子弄彩娱亲》

孔子说：“对于父母来说，年迈并不算老；而让父母伤心，才是真正的老。像老莱子这样，才可以说得上是不失孺子之心哪！”

原文

tiān xià zhī dá dào wǔ suǒ yǐ xíng zhī zhě sān yuē
“天下之达道五，所以行之者三。曰：
jūn chén yě fù zǐ yě fū fù yě kūn dì yě péng yǒu
君臣也，父子也，夫妇也，昆弟也，朋友
zhī jiāo yě wǔ zhě tiān xià zhī dá dào yě zhì rén
之交也，五者，天下之达道也。知、仁、
yǒng sān zhě tiān xià zhī dá dé yě suǒ yǐ xíng zhī zhě yī yě
勇三者，天下之达德也，所以行之者一也。

释义

“天下通行的大道有五条，实现这五条大道的德行有三种。君臣、父子、夫妇、兄弟、朋友之间的交往，就是天下通行的大道。智慧、仁爱、勇敢，这三者是天下人应有的德行，用来实践大道，这三者是一致的。

故事

燕齐之战

zhàn guó shí yān zhāo wáng rèn mìng
战国时，燕昭王任命
yuè yì wéi shàng jiāng jūn lián hé hán
乐毅为上将军，联合韩、
zhào wèi děng wǔ guó jìn gōng qí guó yān
赵、魏等五国进攻齐国。燕

清人绘乐毅画像

清人绘田单画像

zhāo wáng xìn rèn yuè yì　yuè yì zài qián xiàn
昭王信任乐毅，乐毅在前线
bú shòu chè zhǒu　wǔ nián jiān gōng xià qí guó
不受掣肘，五年间攻下齐国
qī shí yú chéng　qí guó zhǐ shèng jǔ　jí
七十余城，齐国只剩莒、即
mò liǎng chéng zài kǔ kǔ jiān shǒu
墨两城在苦苦坚守。

hòu lái　yān zhāo wáng bìng shì　yān
后来，燕昭王病逝，燕
huì wáng jí wèi　yān huì wáng zuò tài zǐ shí
惠王即位。燕惠王做太子时
jiù duì yuè yì bù mǎn　qí guó lì yòng liǎng
就对乐毅不满，齐国利用两
rén de máo dùn　sàn bù yáo yán shuō
人的矛盾，散布谣言说，
yuè yì zhī suǒ yǐ bù gōng xià jǔ
乐毅之所以不攻下莒、
jí mò liǎng chéng　shì yīn wèi tā xiǎng
即墨两城，是因为他想
chēng wáng　yān huì wáng zhòng jì
称王。燕惠王中计，
pài qí jié qǔ dài yuè yì　qí guó
派骑劫取代乐毅。齐国
zài tián dān de dài lǐng xià　lì yòng
在田单的带领下，利用
huǒ niú zhèn　dǎ bài qí jié　zhuǎn
火牛阵，打败骑劫，转
bài wéi shèng　shōu fù quán bù tǔ dì
败为胜，收复全部土地
hé chéng chí　bìng bǎ qí wáng yíng huí
和城池，并把齐王迎回
guó dū lín zī
国都临淄。

清刻本《百将图说》之《火牛破敌》，描绘田单利用火牛阵大败燕军的场景

原文

huò shēng ér zhī zhī huò xué ér zhī zhī huò kùn ér
“或生而知之，或学而知之，或困而
zhī zhī jí qí zhī zhī yī yě huò ān ér xíng zhī huò
知之，及其知之，一也。或安而行之，或
lì ér xíng zhī huò miǎn qiǎng ér xíng zhī jí qí chéng gōng
利而行之，或勉强而行之，及其成功，
yī yě
一也。”

释义

“对于这些道理，有的人生来就知道，有的人通过学习才知道，有的人经历了困苦才知道，但只要他们最终都知道了，也就一样了。对于这些道理，有的人自愿去实行，有的人为了某种好处去实行，有的人勉强去实行，但只要他们最终都实行了，也就一样了。”

近代朱竹云绘《妻不下机》图（局部），描绘苏秦学而无成，回家后妻子不愿搭理他，没有从织布机上下来的场景

苏秦苦读

sū qín shì zhàn guó shí zòng héng jiā
苏秦是战国时纵横家，

céng gēn suí guǐ gǔ zǐ xué xí zòng héng shù xué chéng hòu biàn mài jiā chǎn sì
曾跟随鬼谷子学习纵横术，学成后变卖家产，四
chù yóu shuì kě shì jǐ nián guò hòu què méi yǒu dé dào yì guān bàn zhí zhǐ hǎo
处游说。可是几年过后，却没有得到一官半职，只好
huí dào jiā li fù mǔ rèn wéi tā méi yòng gěi tā bái yǎn qī zi rèn wéi tā
回到家里。父母认为他没用，给他白眼；妻子认为他
méi chū xi zuò zài zhī bù jī qián bù lǐ tā xiōng sǎo rèn wéi tā méi běn shi
没出息，坐在织布机前不理他；兄嫂认为他没本事，
bù gěi tā fàn chī zhè duì sū qín de cì jī hěn dà fā shì yí dìng yào chū rén
不给他饭吃。这对苏秦的刺激很大，发誓一定要出人
tóu dì
头地。

yú shì sū qín kāi shǐ fā fèn dú shū kùn le jiù yòng zhuī zi cì dà tuǐ
于是，苏秦开始发愤读书，困了就用锥子刺大腿
lái tí shén jīng guò yí duàn shí jiān kǔ dú sū qín zài cì chū yóu tā zhēn duì
来提神。经过一段时间苦读，苏秦再次出游，他针对
qín guó de yě xīn tí chū lián hé duì fu qín guó de hé zòng shù dé dào liù guó de
秦国的野心，提出联合对付秦国的合纵术，得到六国的
rèn tóng yí xià zi shēn pèi liù guó xiàng yìn chéng wéi xiǎn hè yì shí de míng rén
认同，一下子身佩六国相印，成为显赫一时的名人。

天津杨柳青年画《六国封相》，讲述苏秦身佩六国相印，衣锦还乡的故事

原文

zǐ yuē hào xué jìn hū zhì lì xíng jìn hū rén zhī
子曰：“好学近乎知，力行近乎仁，知
chǐ jìn hū yǒng zhī sī sān zhě zé zhī suǒ yǐ xiū shēn zhī suǒ
耻近乎勇。知斯三者，则知所以修身；知所
yǐ xiū shēn zé zhī suǒ yǐ zhì rén zhī suǒ yǐ zhì rén zé zhī
以修身，则知所以治人；知所以治人，则知
suǒ yǐ zhì tiān xià guó jiā yǐ
所以治天下国家矣。

释义

孔子说：“喜欢学习就接近了智慧，努力实行就接近了仁爱，知道羞耻就接近了勇敢。知道这三点，就知道怎样修养自身；知道怎样修养自身，就知道怎样管理他人；知道怎样管理他人，就知道怎样治理天下和国家了。

故事

范滂赴死

dōng hàn shí fàn pāng céng rèn guāng lù
东汉时，范滂曾任光禄
xūn zhǔ shì tā yì zhì háo qiáng jié jiāo tài
勋主事，他抑制豪强，结交太
xué shēng fǎn duì huàn guān gōng yuán
学生，反对宦官。公元169

明刻本《三才图会》中的范滂画像

年，朝廷大规模诛杀党人，诏令逮捕范滂等人。范滂得知消息后，当即到监狱投案。县令郭揖十分震惊，解下印绶，拉着范滂准备逃走。范滂说：“我死了，灾祸就会平息，怎敢连累你犯罪，并且让老母亲流离失所呢？”

范滂的母亲来与儿子诀别，范滂劝母亲不要过度悲伤，母亲说：“好名声与长寿不可兼得，如今你与李膺、杜密齐名，死有何憾！”路过的人见此情景，无不流下同情的眼泪。

明刻本《闺范》插图，描绘范滂投案，被人带走，范滂母与范滂诀别的场景

原文

fán wéi tiān xià guó jiā yǒu jiǔ jīng yuē xiū shēn yě
“凡为天下国家有九经，曰：修身也，
zūn xián yě qīn qīn yě jìng dà chén yě tǐ qún chén yě
尊贤也，亲亲也，敬大臣也，体群臣也，
zǐ shù mín yě lái bǎi gōng yě róu yuǎn rén yě huái zhū hóu
子庶民也，来百工也，柔远人也，怀诸侯
yě xiū shēn zé dào lì zūn xián zé bú huò qīn qīn zé zhū
也。修身则道立，尊贤则不惑，亲亲则诸
fù kūn dì bú yuàn jìng dà chén zé bú xuàn tǐ qún chén zé shì
父昆弟不怨，敬大臣则不眩，体群臣则士
zhī bào lǐ zhòng zǐ shù mín zé bǎi xìng quàn lái bǎi gōng zé
之报礼重，子庶民则百姓劝，来百工则
cái yòng zú róu yuǎn rén zé sì fāng guī zhī huái zhū hóu zé tiān
财用足，柔远人则四方归之，怀诸侯则天
xià wèi zhī
下畏之。

释义

“大凡治理国家有九条准则，即修养自身，尊敬贤人，亲爱亲人，敬重大臣，体恤群臣，爱护百姓，招纳工匠，善待远客，安抚诸侯。修养自身，就能确立正道；尊敬贤人，就不会思想困惑；亲爱亲人，叔伯兄弟就不会抱怨；敬重大臣，就不会处事迷惑；体恤群臣，士人就会以礼相报；爱护百姓，百姓就会努力生产；招纳工匠，财物就会更加充足；善待远客，四方的百姓就会前来归顺；安抚诸侯，天下的人就会心存敬畏。

故事

信陵君敬老

zhàn guó shí wèi guó de xìn líng jūn dì wèi shí fēn xiǎn hè dàn shì tā bìng
战国时，魏国的信陵君地位十分显赫，但是他并
méi yǒu yīn cǐ ér jiāo hèng bá hù
没有因此而骄横跋扈。

nà shí wèi guó yǒu gè jiào hóu yíng de yǐn shì shì yí gè dì wèi dī wēi
那时，魏国有个叫侯嬴的隐士，是一个地位低微
de kān mén rén xìn líng jūn liǎo jiè dào hóu yíng hěn yǒu cái néng biàn qīn zì jià chē
的看门人。信陵君了解到侯嬴很有才能，便亲自驾车
qù jiē tā hóu yíng zhī dào xìn líng jūn de míng shēng wèi le shì tàn tā de chéng
去接他。侯嬴知道信陵君的名声，为了试探他的诚
yì gù yì zhuāng chū ào màn de yàng zi bìng shuō yào dào shì chǎng shang qù kàn
意，故意装出傲慢的样子，并说要到市场上去看
yí gè péng you xìn líng jūn lián máng bǎ tā
一个朋友。信陵君连忙把他
lā dào shì chǎng shang hóu yíng hé péng you zhū
拉到市场上。侯嬴和朋友朱
hài xián liáo qǐ lái xìn líng jūn zài yì páng
亥闲聊起来，信陵君在一旁
nài xīn děng dài zhí dào tā men tán wán huà
耐心等待，直到他们谈完话，
cái gōng jìng de qǐng hóu yíng shàng chē hóu yíng
才恭敬地请侯嬴上车。侯嬴
bèi xìn líng jūn de zhēn chéng dǎ dòng tòng kuài
被信陵君的真诚打动，痛快
de zuò le tā de mén kè cóng cǐ gān yuàn
地做了他的门客，从此甘愿
wèi xìn líng jūn chū móu huà cè shèn zhì xiàn
为信陵君出谋划策，甚至献
chū zì jǐ de shēng mìng
出自己的生命。

清吴历绘《人物故事图册》之一，讲述信陵君拜请侯嬴的故事。图中描绘侯嬴与朋友朱亥交谈，而信陵君在耐心等待的场景

原文

zhāi míng shèng fú fēi lǐ bú dòng suǒ yǐ xiū shēn
"齐明盛服，非礼不动，所以修身
yě qù chán yuǎn sè jiàn huò ér guì dé suǒ yǐ quàn xián
也；去谗远色，贱货而贵德，所以劝贤
yě zūn qí wèi zhòng qí lù tóng qí hào wù suǒ yǐ quàn
也；尊其位，重其禄，同其好恶，所以劝
qīn qīn yě guān shèng rèn shǐ suǒ yǐ quàn dà chén yě zhōng
亲亲也；官盛任使，所以劝大臣也；忠
xìn zhòng lù suǒ yǐ quàn shì yě shí shǐ bó liǎn suǒ yǐ quàn
信重禄，所以劝士也；时使薄敛，所以劝
bǎi xìng yě rì xǐng yuè shì xì lǐn chèn shì suǒ yǐ quàn bǎi
百姓也；日省月试，既禀称事，所以劝百
gōng yě sòng wǎng yíng lái jiā shàn ér jīn bù néng suǒ yǐ
工也；送往迎来，嘉善而矜不能，所以
róu yuǎn rén yě jì jué shì jǔ fèi guó zhì luàn chí wēi
柔远人也；继绝世，举废国，治乱持危，
cháo pìn yǐ shí hòu wǎng ér bó lái suǒ yǐ huái zhū hóu yě
朝聘以时，厚往而薄来，所以怀诸侯也。
fán wéi tiān xià guó jiā yǒu jiǔ jīng suǒ yǐ xíng zhī zhě yī yě
凡为天下国家有九经，所以行之者一也。

释义

"斋戒沐浴，穿着盛装，不合礼仪的事不做，这是修养自身的方法；驱除小人，远离女色，轻视财物，重视美德，这是鼓励贤人的方法；提高亲族的爵位，增加亲族的俸禄，与他们爱憎相同，这是鼓励人们亲爱亲族的方法；多给大臣安排属官，使他们担负各项事务，这是鼓励大臣的方法；真心诚意地对待他们，给他们丰厚的俸禄，这是鼓励士人的方法；按照时令役使他们，减轻他们的赋税，这是鼓励百姓的方法；天天察看，月月考核，付给他们的粮食与业绩相称，这是鼓励工匠的方法；去时护送，来时欢迎，嘉奖有才能的人，同情能力差的人，这是善待远方来客的方法；延续绝后的家族，复兴灭亡的国家，治理混乱，解救危难，按时接受朝见，赠送礼物丰厚，征收贡纳微薄，这是安抚诸侯的方法。大凡治理国家有九条准则，用来实行它们的道理是一样的。

故事

雨不失期

wèi wén hóu shì zhàn guó shí
魏文侯是战国时
wèi guó de jiàn lì zhě wéi rén jiǎng
魏国的建立者，为人讲
qiú chéng xìn yí cì wèi wén
求诚信。一次，魏文
hóu yǔ qún chén yàn yǐn xí jiān
侯与群臣宴饮，席间
gōng chóu jiāo cuò dà jiā dōu hěn
觥筹交错，大家都很
gāo xìng jiù zài zhè shí wài miàn
高兴。就在这时，外面
xià qǐ le yǔ wèi wén hóu měng
下起了雨，魏文侯猛
rán xiǎng qǐ yí jiàn shì dāng jí
然想起一件事，当即

明焦竑著《养正图解》插图《雨不失期》，讲述魏文侯信守诺言，在雨天仍按时赴约的故事

fēn fù rén zhǔn bèi chē mǎ qián wǎng jiāo wài
吩咐人准备车马，前往郊外。

shǒu xià wèn wèi wén hóu tiān xià zhe yǔ lù bù hǎo zǒu nín yào dào
手下问魏文侯：“天下着雨，路不好走，您要到
shén me dì fang qù wèi wén hóu shuō wǒ yǔ zhǎng guǎn tián liè de guān yuán
什么地方去？”魏文侯说：“我与掌管田猎的官员
yuē hǎo jīn tiān qù dǎ liè zěn néng yīn wèi xià yǔ hé yǐn jiǔ ér bù jiǎng xìn yòng
约好今天去打猎，怎能因为下雨和饮酒而不讲信用
ne jiù shì
呢？就是
gǎi biàn jì huà
改变计划，
yě yào gào su tā
也要告诉他
yì shēng a
一声啊！”

yú shì wèi wén
于是，魏文
hóu chéng chē lái
侯乘车来
dào jiāo wài jiàn
到郊外，见
dào zhǎng guǎn tián
到掌管田
liè de guān yuán
猎的官员，
dāng miàn shuō míng
当面说明
qíng kuàng qǔ
情况，取
xiāo le dāng chū
消了当初
de yuē dìng
的约定。

明焦竑著《养正图解》插图《式闾礼士》，讲述魏文侯尊敬贤人段干木的故事

原文

fán shì yù zé lì bú yù zé fèi yán qián dìng zé

“凡事豫则立，不豫则废。言前定则

bù jiá shì qián dìng zé bú kùn xíng qián dìng zé bú jiù

不跲，事前定则不困，行前定则不疚，

dào qián dìng zé bù qióng

道前定则不穷。

释义

“任何事情，事先有准备就会成功，没有准备就会失败。说话先有准备，就不会语言不畅；做事先有准备，就不会遭受挫折；行动先有准备，就不会后悔；道路预先选定，就不会走投无路。

故事

有备无患

chūn qiū shí jìn dào gōng jí wèi hòu hěn xiǎng chóng zhèn jìn guó xī rì

春秋时，晋悼公即位后，很想重振晋国昔日

de bà zhǔ wēi míng yú shì biàn xiàng dà chén wèi jiàng qǐng jiào wèi jiàng gěi tā tí

的霸主威名，于是便向大臣魏绛请教。魏绛给他提

le sān tiáo jiàn yì shǒu xiān ān dìng biān jìng pài rén gěi biān jìng de shǎo shù mín zú

了三条建议：首先安定边境，派人给边境的少数民族

sòng qù hòu lǐ yǔ tā men qiān dìng hé yuē qí cì zhào jí gè guó zhū hóu huì

送去厚礼，与他们签订合约；其次召集各国诸侯会

盟，八年内召集诸侯九次会盟，使晋国威望大增；最后惩治不安分的附属国，发兵攻打两边倒的郑国，使其屈服。通过这些措施，晋国又恢复了昔日的霸主地位。

晋悼公嘉奖魏绛，赐给他许多礼物，魏绛趁机进言：“书上说，安定的时候要预见将来的危险，能想到就会有准备，有准备就会防止祸患发生，希望大王能从中受到启示。”晋悼公欣然接受了魏绛的劝告。

清绣像本《东周列国志》插图《晋悼公驾楚会萧鱼》，讲述晋悼公在萧鱼与郑国等十个诸侯会盟，复兴晋国霸业的故事

原文

zài xià wèi bú huò hū shàng　mín bù kě dé ér zhì yǐ
“在下位不获乎上，民不可得而治矣；
huò hū shàng yǒu dào　bú xìn hū péng yǒu　bú huò hū shàng yǐ
获乎上有道，不信乎朋友，不获乎上矣；
xìn hū péng yǒu yǒu dào　bú shùn hū qīn　bú xìn hū péng yǒu yǐ
信乎朋友有道，不顺乎亲，不信乎朋友矣；
shùn hū qīn yǒu dào　fǎn zhū shēn bù chéng　bú shùn hū qīn yǐ
顺乎亲有道，反诸身不诚，不顺乎亲矣；
chéng shēn yǒu dào　bù míng hū shàn　bù chéng hū shēn yǐ
诚身有道，不明乎善，不诚乎身矣。

释义

“在下位的人，如果得不到上级的信任，就不可能治理好百姓；得到上级的信任有办法：如果得不到朋友的信任，就得不到上级的信任；得到朋友的信任有办法：如果不孝顺父母，就得不到朋友的信任；孝顺父母有办法：如果自己不真诚，就不能孝顺父母；使自己真诚有办法：如果不明白什么是善，就不能使自己真诚。

故事

鹿乳奉亲

tán zǐ shì chūn qiū shí tán guó de guó jūn　duì fù mǔ tè bié xiào shùn　xiào
郯子是春秋时郯国的国君，对父母特别孝顺，孝

xíng yuǎn jìn wén míng fù mǔ nián jì dà le dōu huàn yǒu yán zhòng de yǎn jí dài
行远近闻名。父母年纪大了，都患有严重的眼疾，大
fu shuō zuì hǎo de bàn fǎ shì shí yòng lù rǔ kě shì lù rǔ zài shì chǎng shang mǎi
夫说最好的办法是食用鹿乳。可是，鹿乳在市场上买
bu dào yú shì tán zǐ jiù qīn zì dào shān shang qù xiǎng jìn bàn fǎ huò qǔ lù rǔ
不到，于是郯子就亲自到山上去，想尽办法获取鹿乳。

shān shang lù suī rán bù shǎo què nán yǐ jiē jìn wèi le dé dào lù rǔ
山上鹿虽然不少，却难以接近。为了得到鹿乳，
tán zǐ zhǎo lái yì zhāng lù pí pī zài shēn shang hùn zài lù qún zhōng liè rén fā
郯子找来一张鹿皮披在身上，混在鹿群中。猎人发
xiàn le pī zhe lù pí de tā yǐ wéi shì lù xiǎng shè shā tā tán zǐ gǎn jǐn
现了披着鹿皮的他，以为是鹿，想射杀他。郯子赶紧
zhàn qǐ lái bǎ shí qíng gào su le liè rén liè rén bèi tā de xiào xīn gǎn dòng
站起来，把实情告诉了猎人。猎人被他的孝心感动，
zuì zhōng bāng zhù tā huò qǔ le lù rǔ
最终帮助他获取了鹿乳。

清王素绘《二十四孝图》之《周郯子鹿乳奉亲》

原文

chéng zhě tiān zhī dào yě chéng zhī zhě rén zhī dào
“诚者，天之道也；诚之者，人之道
yě chéng zhě bù miǎn ér zhòng bù sī ér dé cóng róng
也。诚者，不勉而中，不思而得，从容
zhòng dào shèng rén yě chéng zhī zhě zé shàn ér gù zhí zhī
中道，圣人也。诚之者，择善而固执之
zhě yě
者也。

释义

“真诚，是上天的法则；追求真诚，是做人的原则。天生真诚的人，不用勉强就能做到，不用思考就能拥有，从从容容就能符合中庸之道，这样的人是圣人。努力做到真诚的人，就是要选择美好的目标并且执着地追求。

清丁善长绘《历代画像传》中的季札画像

故事

季札挂剑

chūn qiū shí wú guó gōng zǐ jì zhá
春秋时，吴国公子季札
jiǎng xìn yì zhòng yǒu qíng yí cì tā
讲信义、重友情。一次，他
fèng mìng chū shǐ běi fāng gè guó tú jīng xú
奉命出使北方各国，途经徐

国，徐君见季札佩带的宝剑华贵精美，不禁流露出喜爱之意，只是不好开口索取。季札看出徐君喜欢这把剑，有心相赠，想到还要继续出使他国，便打算回来时再送给他。

没想到，季札完成使命回到徐国时，徐君已经去世。季札十分愧疚，摘下宝剑挂在徐君墓前的树上。随行的人不理解他为什么这样做，季札解释说：“当初我虽然没说要把剑赠给他，但心里已许诺，我怎能因为他去世就违背自己的心愿呢！”

近代马骀绘《季子挂剑》图，讲述季札信守诺言，在徐君去世后，将宝剑挂在徐君墓前的场景

原文

bó xué zhī　shěn wèn zhī　shèn sī zhī　míng biàn zhī
“博学之，审问之，慎思之，明辨之，
dǔ xíng zhī　yǒu fú xué　xué zhī fú néng　fú cuò yě　yǒu
笃行之。有弗学，学之弗能，弗措也；有
fú wèn　wèn zhī fú zhī　fú cuò yě　yǒu fú sī　sī zhī fú
弗问，问之弗知，弗措也；有弗思，思之弗
dé　fú cuò yě　yǒu fú biàn　biàn zhī fú míng　fú cuò yě
得，弗措也；有弗辨，辨之弗明，弗措也；
yǒu fú xíng　xíng zhī fú dǔ　fú cuò yě　rén yī néng zhī
有弗行，行之弗笃，弗措也。人一能之，
jǐ bǎi zhī　rén shí néng zhī　jǐ qiān zhī　guǒ néng cǐ dào yǐ
己百之；人十能之，己千之。果能此道矣，
suī yú bì míng　suī róu bì qiáng
虽愚必明，虽柔必强。”

释义

“广泛学习，详细询问，周密思考，明确辨别，坚定执行。要么不学，学了没有学会，绝不罢休；要么不问，问了没有明白，绝不罢休；要么不想，想了没有所得，绝不罢休；要么不辨别，辨别了没有明确，绝不罢休；要么不实行，实行了没有笃实，绝不罢休。别人做一次能掌握的，我就做一百次；别人做十次能掌握的，我就做一千次。如果真能够做到这样，即使愚蠢的人也能够变得聪明，即使柔弱的人也能够变得刚强。”

闻鸡起舞

zǔ tì shì dōng jìn shí míng jiàng nián shào jiù xiōng huái dà zhì zhōng yuán
祖逖是东晋时名将，年少就胸怀大志。中原
bèi xiōng nú qīn zhàn hòu tā jiù bǎ shōu fù zhōng yuán zuò wéi rén shēng de zuì dà mù
被匈奴侵占后，他就把收复中原作为人生的最大目
biāo tā yǒu gè hǎo yǒu jiào liú kūn liǎng rén jīng cháng zài yì qǐ fēn xī zhèng jú
标。他有个好友叫刘琨，两人经常在一起分析政局，
chàng tán lǐ xiǎng yì tiān wǎn shang zǔ tì hū rán bèi gōng jī de míng jiào shēng
畅谈理想。一天晚上，祖逖忽然被公鸡的鸣叫声
jīng xǐng tā yì jiǎo tī xǐng liú kūn shuō bié rén rèn wéi bàn yè tīng jiàn jī jiào
惊醒，他一脚踢醒刘琨，说：“别人认为半夜听见鸡叫
bù jí lì wǒ què bú zhè me xiǎng zhè shēng yīn suī rán bù hǎo tīng què shì cuī
不吉利，我却不这么想，这声音虽然不好听，却是催
cù wǒ men qǐ lái liàn gōng a yú shì liǎng rén xié shǒu ér qǐ liàn jiàn bù zhǐ
促我们起来练功啊！”于是两人携手而起，练剑不止，
yǐ cǐ lái jī lì dòu zhì
以此来激励斗志。

hòu lái tā men zhōng yú shōu fù le cháng jiāng yǐ běi huáng hé yǐ nán de
后来，他们终于收复了长江以北、黄河以南的
dà piàn shī dì
大片失地。
yīn cǐ hòu rén
因此，后人
jiù yòng wén jī
就用“闻鸡
qǐ wǔ lái xíng
起舞”来形
róng zhì shì fèn fā
容志士奋发
zì lì de jīng shén
自励的精神。

清颐庵绘《闻鸡起舞》扇面

第二十一章

导读

本章阐释“诚”与“明”的关系。由心诚而明白道理，是圣人；由明白道理而心诚，是贤者（汉郑玄观点）。但不管从心诚到明白道理，还是从明白道理到心诚，只要能成功，“诚”“明”就合二为一了。

原文

zì chéng míng　wèi zhī xìng　zì míng chéng　wèi zhī jiào
自诚明，谓之性；自明诚，谓之教。
chéng zé míng yǐ　míng zé chéng yǐ
诚则明矣，明则诚矣。

释义

由内心真诚而达到明白道理，这叫作天性；由明白道理而达到内心真诚，这叫作教育。内心真诚就会明白道理，明白道理也同样会内心真诚。

清绣像本《三国演义》中的吕蒙画像

故事

刮目相看

lǚ méng shì sān guó shí wú guó dà jiàng
吕蒙是三国时吴国大将，

shēn shòu sūn quán qì zhòng dàn lǚ méng chū shēn pín hán méi niàn guo shén me shū
深受孙权器重。但吕蒙出身贫寒，没念过什么书，
cháng bèi kàn zuò yí jiè wǔ fū yǒu yí cì sūn quán duì lǚ méng shuō nǐ xiàn zài
常被看作一介武夫。有一次孙权对吕蒙说：“你现在
zhǎng wò le dà quán fù zé chǔ lǐ guó jiā dà shì bù néng bù xué xí ya jīng
掌握了大权，负责处理国家大事，不能不学习呀！经
cháng kàn shū duō zēng jiā diǎn zhī shi huì dà yǒu hǎo chù de lǚ méng tīng le
常看书，多增加点知识，会大有好处的。”吕蒙听了
sūn quán de quàn gào kāi shǐ dú shū xué xí
孙权的劝告，开始读书学习。

dāng chū dà dū du lǚ
当初，大都督鲁
sù yǒu diǎn kàn bu qǐ lǚ méng
肃有点看不起吕蒙，
rèn wéi tā méi yǒu wén huà hòu
认为他没有文化。后
lái lǔ sù dào le lǚ méng de zhù
来鲁肃到了吕蒙的驻
dì hé tā yì qǐ jiāo tán le
地，和他一起交谈了
yí huì er fā xiàn lǚ méng zhī
一会儿，发现吕蒙知
shi yuān bó jiàn jiě shēn kè
识渊博，见解深刻，
bù jīn dà wéi kǎi tàn shì bié
不禁大为慨叹：“士别
sān rì dāng guā mù xiāng kàn wǒ
三日当刮目相看，我
guò qù shuō lǚ méng shì yí jiè wǔ
过去说吕蒙是一介武
fū jīn tiān kàn lái tā xué
夫，今天看来，他学
shí guǎng bó yǐ fēi xī rì de
识广博，已非昔日的
wú xià ā méng le
吴下阿蒙了！”

清绣像本《三国演义》插图《吕子明白衣渡江》，讲述吕蒙成功偷袭关羽，夺取荆州的故事

第二十二章

导读

本章讨论至诚之人的作用。圣人做到“诚”以后，不仅可以发挥自己的本性，还能发挥他人和万物的本性，并最终帮助天地化育生命，与天地并立。

原文

wéi tiān xià zhì chéng wéi néng jìn qí xìng néng jìn qí xìng
唯天下至诚，为能尽其性；能尽其性，
zé néng jìn rén zhī xìng néng jìn rén zhī xìng zé néng jìn wù zhī
则能尽人之性；能尽人之性，则能尽物之
xìng néng jìn wù zhī xìng zé kě yǐ zàn tiān dì zhī huà yù kě
性；能尽物之性，则可以赞天地之化育；可
yǐ zàn tiān dì zhī huà yù zé kě yǐ yǔ tiān dì cān yǐ
以赞天地之化育，则可以与天地参矣。

释义

只有天下最真诚的人，才能充分发挥他的本性；能充分发挥他的本性，就能充分发挥众人的本性；能充分发挥众人的本性，就能充分发挥万物的本性；能充分发挥万物的本性，就可以帮助天地养育万物；能帮助天地养育万物，就可以与天地并列了。

清殿藏本诸葛亮画像

三顾茅庐

dōng hàn mò nián tiān xià dà luàn qún xióng gē jù liú bèi wèi le zhuàng dà
东汉末年，天下大乱，群雄割据。刘备为了壮大
shí lì duō fāng xún qiú xián cái tīng shuō zhū gě liàng jīng tōng wén tāo wǔ lüè yǐn
实力，多方寻求贤才。听说诸葛亮精通文韬武略，隐
jū lóng zhōng jīn hú běi xiāng yáng xī biàn qīn zì dào tā jū zhù de cǎo lú bài fǎng
居隆中（今湖北襄阳西），便亲自到他居住的草庐拜访。

qián liǎng cì liú bèi dōu méi jiàn dào zhū gě liàng zhǐ hǎo shī wàng ér huí
前两次刘备都没见到诸葛亮，只好失望而回。
dì sān cì dào dá zhū gě liàng jiā zhū gě liàng zhèng shuì wǔ jiào liú bèi nài xīn
第三次到达诸葛亮家，诸葛亮正睡午觉，刘备耐心
děng dài zhí dào zhū gě liàng xǐng lái zhū gě liàng bèi liú bèi de chéng yì dǎ dòng
等待，直到诸葛亮醒来。诸葛亮被刘备的诚意打动，
jué dìng chū shān tā fēn xī le dāng
决定出山。他分析了当
shí de xíng shì tí chū duó qǔ jīng
时的形势，提出夺取荆
zhōu yì zhōu dōng lián sūn wú
州、益州，东联孙吴，
běi jù cáo cāo de zhàn lüè fāng zhēn
北拒曹操的战略方针。
zài zhū gě liàng de fǔ zuǒ xià liú
在诸葛亮的辅佐下，刘
bèi jiàn lì shǔ hàn zhèng quán chéng
备建立蜀汉政权，成
jiù dì yè yǔ cáo wèi sūn wú
就帝业，与曹魏、孙吴
zhèng quán dǐng zú ér lì sān fēn
政权鼎足而立，三分
tiān xià
天下。

明戴进绘《三顾茅庐图轴》（局部）

第二十三章

导读

本章讨论贤人的作用。贤人从日常的一言一行和细微之处下功夫，也能达到“诚”的境界。贤人达到“诚”的境界后，真诚会表现、显著、发扬光大，并会感动人心，引起变化，最后达到化育万物的目的。

原文

qí cì zhì qū qū néng yǒu chéng chéng zé xíng xíng
其次致曲，曲能有诚，诚则形，形
zé zhù zhù zé míng míng zé dòng dòng zé biàn biàn zé
则著，著则明，明则动，动则变，变则
huà wéi tiān xià zhì chéng wéi néng huà
化。唯天下至诚为能化。

释义

比圣人差一些的贤人，从平日一言一行着手，在细微之处下功夫，也能达到真诚的境界。达到真诚，真诚就会表现出来，表现出来就会逐渐显著，逐渐显著就会发扬光大，发扬光大就会感动众人，感动众人就会引起转变，引起转变就会化育万物。只有天下最真诚的人才能化育万物。

清人绘《历代帝王圣贤名臣大儒遗像》中的张良画像

故事

圯桥进履

zhāng liáng shì xī hàn míng chén yí cì zài xià pī de yí qiáo biān sàn bù shí
张良是西汉名臣，一次在下邳的圯桥边散步时，
yù dào yí gè shēn chuān cū bù yī shang de lǎo rén lǎo rén jiàn zhāng liáng zǒu guò lái
遇到一个身穿粗布衣裳的老人。老人见张良走过来，
bǎ jiǎo shang de cǎo xié shuǎi dào qiáo xià duì zhāng liáng
把脚上的草鞋甩到桥下，对张良
shuō xiǎo huǒ zi gěi wǒ bǎ xié jiǎn shàng lái
说："小伙子，给我把鞋捡上来。"
zhāng liáng yǐ wéi lǎo rén gù yì zhuō nòng tā dàn jiàn
张良以为老人故意捉弄他，但见
lǎo rén nián jì hěn dà biàn xià qiáo bǎ xié zi jiǎn le
老人年纪很大，便下桥把鞋子捡了
shàng lái lǎo rén méi yǒu yòng shǒu jiē xié zi ér
上来。老人没有用手接鞋子，而
shì bǎ jiǎo shēn guò lái ràng zhāng liáng gěi zì jǐ chuān
是把脚伸过来，让张良给自己穿
shàng zhāng liáng guì zhe gěi lǎo rén chuān shàng le xié zi
上。张良跪着给老人穿上了鞋子。

yuán lái lǎo rén shì zhù míng xué zhě huáng shí
原来，老人是著名学者黄石
gōng tā jiàn zhāng liáng shì gè kě sù zhī cái jiù
公。他见张良是个可塑之材，就
bǎ bīng shū tài gōng bīng fǎ sòng gěi le tā cǐ
把兵书《太公兵法》送给了他。此
hòu zhāng liáng yùn yòng bīng fǎ shang de zhì móu wèi
后，张良运用兵法上的智谋，为
liú bāng chū móu huà cè chéng wéi yùn chóu wéi wò
刘邦出谋划策，成为"运筹帷幄
zhī zhōng jué shèng qiān lǐ zhī wài de jūn shì jiā
之中，决胜千里之外"的军事家。

清冯箕绘《圯桥进履图》（局部），描绘张良为黄石公取来鞋子的场景

第二十四章

导读

本章讨论“至诚之道”的神妙功用。“至诚”像神灵一样微妙，能够预知未来。国家兴亡时会出现种种征兆，不仅表现在人身上，也体现在占卜中。如果能做到“至诚”，还能预先知道福祸。

原文

zhì chéng zhī dào　kě yǐ qián zhī　guó jiā jiāngxīng　bì
至诚之道，可以前知。国家将兴，必
yǒu zhēn xiáng　guó jiā jiāng wáng　bì yǒu yāo niè　xiàn hū shī
有祯祥；国家将亡，必有妖孽；见乎蓍
guī　dòng hū sì tǐ　huò fú jiāng zhì　shàn　bì xiān zhī zhī
龟，动乎四体。祸福将至：善，必先知之；
bú shàn　bì xiān zhī zhī　gù zhì chéng rú shén
不善，必先知之。故至诚如神。

释义

真诚到极点，可以预知未来。国家将要兴旺，必然会有吉祥的征兆；国家将要灭亡，必然会有不祥的反常现象。这些征兆呈现在蓍草龟甲上，表现在行为动作上。祸福将要来临时，是福，可以预先知道；是祸，也可以预先知道。所以真诚到极点就像神灵一样灵验。

故事

烽火戏诸侯

西周王朝最后一个国王叫周幽王，十分昏庸。他宠爱一个叫褒姒的妃子。褒姒生性忧郁，不爱笑，为了能博得她一笑，周幽王竟无故点燃烽火。烽火是国家在危急时号召诸侯前来救驾的报警信号。诸侯发现烽火燃起，纷纷率兵赶来，到了才发现这竟是周幽王开的一场玩笑。此后，周幽王又多次点燃烽火，诸侯屡次上当后，对烽火报警都已麻木不仁，不再相信周幽王了。

不久，西方的犬戎族入侵，周幽王再次点燃烽火时，没有一个诸侯来救他。最后，周幽王被杀于骊山，褒姒也被犬戎掳走，西周灭亡。

清彩绘本《帝鉴图说》插图《戏举烽火》，讲述周幽王烽火戏诸侯的故事

第二十五章

导读

本章讨论“诚”的作用。朱熹认为，诚是从内心的角度来说的，是本（本质）；道是从事理的角度来说的，是用（方法）。“诚”不仅是自我完善，还要完善万物。自我完善是仁，完善万物是智，仁和智都是本性固有的品德。

原文

chéng zhě zì chéng yě ér dào zì dǎo yě chéng zhě
诚者自成也，而道自道也。诚者，
wù zhī zhōng shǐ bù chéng wú wù shì gù jūn zǐ chéng zhī wéi
物之终始，不诚无物。是故君子诚之为
guì chéng zhě fēi zì chéng jǐ ér yǐ yě suǒ yǐ chéng wù
贵。诚者，非自成己而已也，所以成物
yě chéng jǐ rén yě chéng wù zhì yě xìng zhī dé
也。成己，仁也；成物，知也。性之德
yě hé wài nèi zhī dào yě gù shí cuò zhī yí yě
也，合外内之道也，故时措之宜也。

释义

真诚是自我的完善，道是自我的引导。真诚贯穿万物发展的始终，没有真诚就没有万物。因此君子以真诚为贵。真诚并不是自我完善就够了，它还要完善万物。自我完善，是仁义的表现；完善万物，是智慧的表现。仁义和智慧是本性中固有的品德，是融合自身与外物的准则，所以任何时候施行都是合适的。

故事

程门立雪

yáng shí shì běi sòng zhù míng xué zhě kǎo zhòng jìn shì hòu wèi le tí gāo
杨时是北宋著名学者，考中进士后，为了提高
xué shí fàng qì zuò guān de jī huì bù yuǎn qiān lǐ lái dào hé nán bài chéng hào wéi
学识，放弃做官的机会，不远千里来到河南拜程颢为
shī chéng hào qù shì hòu yòu bài chéng hào de dì di chéng yí wéi shī
师。程颢去世后，又拜程颢的弟弟程颐为师。

yǒu yì nián dōng tiān yáng shí dú shū yù dào yí wèn biàn hé tóng xué yóu zuò
有一年冬天，杨时读书遇到疑问，便和同学游酢
qù chéng yí jiā qǐng jiào dāng shí tiān kōng zhōng piāo zhe dà xuě dāng tā men lái
去程颐家请教。当时，天空中飘着大雪。当他们来
dào lǎo shī jiā shí jiàn lǎo shī zuò zài yǐ zi shang shuì zháo le wèi le bù yǐng
到老师家时，见老师坐在椅子上睡着了。为了不影
xiǎng lǎo shī xiū xi tā men gōng gōng jìng jìng de zhàn zài mén qián děng hòu dāng chéng
响老师休息，他们恭恭敬敬地站在门前等候。当程
yí xǐng lái shí chuāng wài de xuě yǐ jīng jī le yì chǐ hòu yáng shí hé yóu zuò shēn
颐醒来时，窗外的雪已经积了一尺厚，杨时和游酢身
shang luò mǎn le xuě jī
上落满了雪，几
hū biàn chéng le xuě
乎变成了“雪
rén chéng yí shēn wéi
人”。程颐深为
tā men chī xīn xué wen zūn
他们痴心学问、尊
jìng shī zhǎng de jīng shén suǒ
敬师长的精神所
dǎ dòng xì xīn de wèi
打动，细心地为
tā men jiě dá le yí wèn
他们解答了疑问。

明沈鲤辑《八行图说》插图《游杨立雪程门图》，描绘游酢、杨时恭敬地等候程颐醒来的场景

第二十六章

导读

本章阐释“至诚”的功用和意义。从人的角度说，如果能做到“至诚”，就可以经久不息，进而覆载万物，成就万物。从天地的角度说，只要不断积累，就可以汇成无限的宇宙，这与“至诚无息”同理，可见天道与人道是相通的。

原文

gù zhì chéng wú xī bù xī zé jiǔ jiǔ zé zhēng
故至诚无息，不息则久，久则征，
zhēng zé yōu yuǎn yōu yuǎn zé bó hòu bó hòu zé gāo míng
征则悠远，悠远则博厚，博厚则高明。
bó hòu suǒ yǐ zài wù yě gāo míng suǒ yǐ fù wù yě yōu
博厚，所以载物也；高明，所以覆物也；悠
jiǔ suǒ yǐ chéng wù yě bó hòu pèi dì gāo míng pèi tiān
久，所以成物也。博厚配地，高明配天，
yōu jiǔ wú jiāng rú cǐ zhě bú xiàn ér zhāng bú dòng ér
悠久无疆。如此者，不见而章，不动而
biàn wú wéi ér chéng
变，无为而成。

释义

所以，极端真诚是永不停止的，永不停止就会保持长久，保持长久就会显露出来，显露出来就会悠远长久，悠远长久就会广博深厚，广博深厚就会高大光明。广博深厚可以用来承载万物，高大光明可以用来覆盖万物，悠远长久可以用来成就万物。广博深厚可以与地匹配，高大光明可以与天匹配，悠远长久则是永无止境。达到这样的境界，不必表现也会彰显，不必活动也会变化，无所作为也会有所成就。

故事

孟宗泣竹

sān guó shí wú guó jiāng xià yǒu yí gè jiào mèng zōng de xiào zǐ duì mǔ
三国时，吴国江夏有一个叫孟宗的孝子，对母
qīn zhào gù de shí fēn zhōu
亲照顾得十分周
dào yì nián dōng tiān
到。一年冬天，
mèng mǔ shēng bìng lián xù
孟母生病，连续
jǐ tiān méi yǒu wèi kǒu shēn
几天没有胃口，身
tǐ rì jiàn xiāo shòu mèng
体日渐消瘦。孟
zōng jí huài le wèn mǔ
宗急坏了，问母
qīn xiǎng chī shén me mèng
亲想吃什么。孟
mǔ shuō xiǎng chī zhú sǔn
母说想吃竹笋。
mèng zōng tīng hòu mǎ shàng
孟宗听后，马上
pǎo dào shān shang de zhú lín
跑到山上的竹林

明仇英绘《二十四孝图页》之《孟宗泣竹》

zhōng sì chù wā jué xī wàng néng zhǎo dào zhú sǔn kě shì dāng shí zhèng zhí
中，四处挖掘，希望能找到竹笋。可是当时正值

dōng tiān nǎ lǐ yǒu zhú sǔn ne
冬天，哪里有竹笋呢？

mèng zōng wú jì kě shī jí de dà kū qǐ lái zhè yì kū qí jì
孟宗无计可施，急得大哭起来。这一哭，奇迹

jìng chū xiàn le dì shang hū rán mào chū le zhú sǔn yuán lái mèng zōng de xiào
竟出现了，地上忽然冒出了竹笋。原来，孟宗的孝

xīn gǎn dòng le shàng tiān tiān dì hěn tóng qíng tā mǎn zú le tā de yāo qiú
心感动了上天，天帝很同情他，满足了他的要求。

mèng zōng gāo xìng de bǎ zhú sǔn ná huí jiā gěi mǔ qīn chī mǔ qīn de bìng jìng
孟宗高兴地把竹笋拿回家给母亲吃，母亲的病竟

shén qí bān de hǎo zhuǎn le
神奇般地好转了。

清王素绘《二十四孝图》之《孟宗哭竹得笋》

原文

tiān dì zhī dào kě yì yán ér jìn yě qí wéi wù bú

天地之道，可一言而尽也：其为物不

èr zé qí shēng wù bú cè tiān dì zhī dào bó yě hòu

贰，则其生物不测。天地之道：博也，厚

yě gāo yě míng yě yōu yě jiǔ yě jīn fú tiān

也，高也，明也，悠也，久也。今夫天，

sī zhāo zhāo zhī duō jí qí wú qióng yě rì yuè xīng chén xì

斯昭昭之多，及其无穷也，日月星辰系

yān wàn wù fù yān jīn fú dì yì cuō tǔ zhī duō jí qí

焉，万物覆焉。今夫地，一撮土之多，及其

guǎng hòu zài huà yuè ér bú zhòng zhèn hé hǎi ér bú xiè

广厚，载华岳而不重，振河海而不泄，

wàn wù zài yān jīn fú shān yì quán shí zhī duō jí qí guǎng

万物载焉。今夫山，一卷石之多，及其广

dà cǎo mù shēng zhī qín shòu jū zhī bǎo zàng xīng yān

大，草木生之，禽兽居之，宝藏兴焉。

jīn fú shuǐ yì sháo zhī duō jí qí bú cè yuán tuó

今夫水，一勺之多，及其不测，鼋、鼍、

jiāo lóng yú biē shēng yān huò cái zhí yān

鲛、龙、鱼、鳖生焉，货财殖焉。

释义

天地的法则，用一个“诚”字就可以概括了。诚本身专一不二，所以生育万物神秘莫测。天地的法则，就是广博、深厚、高大、光明、悠远、长久。今天我们所说的天，不过是由一点点的光明聚积起来的，可等到它无边无际时，日月星辰都悬挂在上面，世界万物都被覆盖在下面。今天我们所说的地，不过是由一小撮一小撮土聚积起来的，可等到它广博深厚时，承载华山不觉得重，容纳河海不会泄漏，世间万物都由它承载。今天我们所说的山，不过是由拳头大的石块聚积起来的，可等到它高大无比时，草木在上面生长，禽兽在上面居住，宝藏在里面储藏。今天我们所说的水，不过是由一勺勺水聚积起来的，可等到它深不见底时，鼋（大鳖）、鼍（扬子鳄）、鲛（鲨鱼）、龙、鱼、鳖等都在里面生长，各种物产资源都在里面繁殖。

两个和尚

xiāng chuán zài sì chuān yǒu liǎng gè
相传，在四川有两个
hé shang yí gè hěn qióng yí gè què
和尚，一个很穷，一个却
xiāng dāng fù yǒu tā men dōu xiǎng dào nán
相当富有，他们都想到南
hǎi qù bài fó qióng hé shang bǎ zì jǐ
海去拜佛。穷和尚把自己
de xiǎng fǎ gào su le fù hé shang wǒ
的想法告诉了富和尚：“我
xiǎng dào nán hǎi qù bài fó nǐ rèn wéi zěn
想到南海去拜佛，你认为怎
me yàng fù hé shang què shuō wǒ
么样？”富和尚却说：“我
hěn yǒu qián yì zhí xiǎng mǎi tiáo chuán dào
很有钱，一直想买条船到

清贾全绘《罗汉图》

nán hǎi qù dàn dào xiàn
南海去，但到现
zài yuàn wàng hái méi yǒu shí
在愿望还没有实
xiàn wǒ zhè me hǎo de
现，我这么好的
tiáo jiàn dōu méi yǒu qù chéng
条件都没有去成，
nǐ kào bù xíng zěn me kě
你靠步行怎么可
néng bàn dào ne qióng
能办到呢？”穷
hé shang méi zài duō shuō
和尚没再多说。
yì nián hòu qióng
一年后，穷
hé shang lì jīng qiān xīn wàn
和尚历经千辛万
kǔ cóng nán hǎi huí dào
苦，从南海回到
sì chuān tā zhǎo dào fù
四川。他找到富
hé shang shuō wǒ yǐ
和尚，说：“我已
jīng cóng nán hǎi huí lái le
经从南海回来了，
nǐ qù le ma fù hé
你去了吗？”富和
shang jiàn zhuàng xiū kuì
尚见状，羞愧
de mǎn tóu dà hàn yí
得满头大汗，一
jù huà yě shuō bù chū lái
句话也说不出来。

佚名绘《罗汉图》

原文

shī yún wéi tiān zhī mìng wū mù bù yǐ gài
《诗》云:“维天之命,於穆不已。”盖
yuē tiān zhī suǒ yǐ wéi tiān yě wū hū pī xiǎn wén wáng zhī
曰天之所以为天也。“於乎不显,文王之
dé zhī chún gài yuē wén wáng zhī suǒ yǐ wéi wén yě chún yì
德之纯!”盖曰文王之所以为文也,纯亦
bù yǐ
不已。

释义

《诗经·周颂·维天之命》说:“天道的运行多么肃穆啊,永不停止!”大概说的是天之所以为天的原因吧。“多么显赫光明啊,文王的品德多么纯正!”大概说的是文王之所以被称为文王的原因吧,他的纯正是永不止息的。

故事

文王筑台

zhōu wén wáng shì xī zhōu wáng cháo de diàn
周文王是西周王朝的奠
jī zhě yǐ xián dé zhù chēng yí cì wén
基者,以贤德著称。一次,文
wáng yào xiū zhù gāo tái wā jué shēn chí bǎi
王要修筑高台,挖掘深池,百

明刻本《古先君臣图鉴》中的周文王画像

清冷枚绘《养正图册》之一，讲述周文王以民为本，与太公望赈济灾民的故事

xìng tīng le fēn fēn dài zhe gān liang ná zhe gōng jù zì gào fèn yǒng de qián lái
姓听了，纷纷带着干粮，拿着工具，自告奋勇地前来
cān jiā láo dòng wén wáng fǎn fù dīng zhǔ tā men màn màn lái bú yào lèi huài le shēn
参加劳动。文王反复叮嘱他们慢慢来，不要累坏了身
tǐ bǎi xìng tīng le wén wáng de huà fǎn ér gàn de gèng jiā qǐ jìn er láo dòng
体。百姓听了文王的话，反而干得更加起劲儿，劳动
gèng jiā kuài lè le
更加快乐了。

gāo tái jiàn chéng shēn chí wā hǎo bǎi xìng bǎ tái jiào zuò líng tái bǎ chí
高台建成，深池挖好，百姓把台叫作灵台，把池
jiào zuò líng chí bìng wèi zhè lǐ pǎo yǒu mí lù yóu yǒu yú biē gǎn dào gāo xìng suǒ
叫作灵池，并为这里跑有麋鹿、游有鱼鳖感到高兴。所
yǐ shī jīng líng tái shuō líng tái chū jiàn bǎi xìng jìn lì wáng shuō
以《诗经·灵台》说：“灵台初建，百姓尽力。王说
bù jí mín gèng yòng lì wáng dào lù yuàn lù wò niǎo fēi wáng dào líng chí
不急，民更用力。王到鹿苑，鹿卧鸟飞。王到灵池，
yú yuè shuǐ bì zhè shì duō me lìng rén kuài lè de shì
鱼跃水碧。”这是多么令人快乐的事！

第二十七章

导读

本章，朱熹认为是阐释“天道”。首先赞美圣人之道，然后阐明欲行圣人之道，必须修德（尊德性）、勤学（道问学），再引《诗经》说明，践行圣人之道的君子，如果能做到“既明且哲”，就可以保身兴国。

原文

dà zāi shèng rén zhī dào yáng yáng hū fā yù wàn
大哉，圣人之道！洋洋乎，发育万
wù jùn jí yú tiān yōu yōu dà zāi lǐ yí sān bǎi wēi
物，峻极于天。优优大哉！礼仪三百，威
yí sān qiān dài qí rén rán hòu xíng gù yuē gǒu bú zhì dé
仪三千，待其人然后行。故曰：“苟不至德，
zhì dào bù níng yān gù jūn zǐ zūn dé xìng ér dào wèn xué
至道不凝焉。”故君子尊德性而道问学，
zhì guǎng dà ér jìn jīng wēi jí gāo míng ér dào zhōng yōng wēn
致广大而尽精微，极高明而道中庸。温
gù ér zhī xīn dūn hòu yǐ chóng lǐ
故而知新，敦厚以崇礼。

释义

伟大呀，圣人之道！浩瀚无边哪！它生养万物，与天一样崇高。充足而有余呀！礼仪有三百条，威仪有三千条，等待圣人来实行。所以说，如果没有极高的德行，就不能成就极高的

道。因此，君子尊崇道德修养而又追求知识学问；既达到广博的地位，又穷尽精微之处；既达到高明的境界，又奉行中庸之道。温习学过的知识，从而获得新知识；既为人宽厚，又崇尚礼仪。

故事

圣人孔子

kǒng zǐ míng qiū zì zhòng ní lǔ guó zōu yì jīn shān dōng qū fù
孔子，名丘，字仲尼，鲁国陬邑（今山东曲阜
dōng nán rén chūn qiū mò qī sī xiǎng jiā zhèng zhì jiā hé jiào yù jiā rú jiā
东南）人。春秋末期思想家、政治家和教育家，儒家
de chuàng shǐ zhě zǎo nián jiā pín céng zuò guo guǎn lǐ cāng kù hé kān guǎn niú yáng
的创始者。早年家贫，曾做过管理仓库和看管牛羊
de xiǎo guān zhōng nián jù tú jiǎng xué bìng cóng shì zhèng zhì huó dòng wǔ shí suì shí
的小官；中年聚徒讲学，并从事政治活动；五十岁时

明佚名绘《孔子圣迹图》之《退修诗书》，描绘孔子不愿出仕为官，退居在家，修诗书，定礼乐，很多弟子前来受业的场景

明刻本《古先君臣图鉴》中的孔子画像

céng rèn lǔ guó sī kòu shè xíng xiàng shì
曾任鲁国司寇，摄行相事；
hòu shuài dì zǐ zhōu yóu liè guó xuān chuán
后率弟子周游列国，宣传
zhèng zhì zhǔ zhāng lǚ lǚ pèng bì wǎn
政治主张，屡屡碰壁。晚
nián huí dào lǔ guó zhì lì yú wén xiàn zhěng
年回到鲁国，致力于文献整
lǐ hé jiào yù gōng zuò
理和教育工作。

kǒng zǐ yì shēng kǎn kě suī zhǔ
孔子一生坎坷，虽主
zhāng bú bèi lǐ jiě sì chù pèng bì dàn
张不被理解，四处碰壁，但
tā xīn dì zhì chéng xiōng huái kuān guǎng
他心地至诚，胸怀宽广，
yīn cǐ bèi hòu shì fèng wéi zhì shèng xiān shī dàng zuò wàn shì shī biǎo chēng sòng
因此被后世奉为至圣先师，当作万世师表称颂
xué xí
学习。

明佚名绘《孔子圣迹图》之《删述六经》，描绘孔子退居在家，删述六经，许多弟子前来受业的场景

原文

shì gù jū shàng bù jiāo wéi xià bú bèi guó yǒu
是故居上不骄，为下不倍。国有
dào qí yán zú yǐ xīng guó wú dào qí mò zú yǐ róng
道，其言足以兴；国无道，其默足以容。
shī yuē jì míng qiě zhé yǐ bǎo qí shēn qí cǐ
《诗》曰：“既明且哲，以保其身。”其此
zhī wèi yú
之谓与！

释义

所以君子身居上位不骄傲，身居低位不悖逆。国家政治清明时，他的言论足以振兴国家；国家政治黑暗时，他的沉默足以保全自己。《诗经·大雅·烝民》说：“既明智又通达事理，可以保全自身。”大概说的就是这个意思吧！

故事

原宪安贫

清殿藏本原宪画像

yuán xiàn shì kǒng zǐ de xué shēng yǐ
原宪是孔子的学生，以
ān pín lè dào zhù chēng yuán xiàn zài lǔ guó
安贫乐道著称。原宪在鲁国

de shí hou shēng huó fēi cháng qīng pín fáng zi shì yòng qīng cǎo dā de mén shì
的时候，生活非常清贫，房子是用青草搭的，门是
yòng péng cǎo biān de qiáng shang yǒu xǔ duō dòng jǐn guǎn shēng huó tiáo jiàn rú cǐ
用蓬草编的，墙上有许多洞。尽管生活条件如此
jiān kǔ dàn rén men jīng cháng kàn dào yuán xiàn zài jiā zhōng zhèng jīn wēi zuò rèn
艰苦，但人们经常看到原宪在家中正襟危坐，认
zhēn dú shū méi yǒu bàn diǎn yuàn qì
真读书，没有半点怨气。

yì tiān zǐ gòng qián lái bài fǎng yuán xiàn kàn dào yuán xiàn shǒu zhǔ lí mù
一天，子贡前来拜访原宪，看到原宪手拄藜木
shǒu zhàng tóu shang dài zhe yòng huà mù pí zuò de mào zi jiǎo shang chuān zhe wú
手杖，头上戴着用桦木皮做的帽子，脚上穿着无
gēn tuō xié chū lái yíng jiē hái yǐ wéi tā bìng le yuán xiàn duì tā shuō méi yǒu
跟拖鞋出来迎接，还以为他病了。原宪对他说：“没有
cái fù jiào pín xué ér wú néng jiào bìng wǒ xiàn zài shì pín bú shì bìng jūn
财富叫贫，学而无能叫病。我现在是贫，不是病。君
zǐ dān xīn xué ér bù néng què bù dān xīn pín qióng zǐ gòng tīng hòu miàn lù
子担心学而不能，却不担心贫穷。”子贡听后，面露
kuì sè
愧色。

元赵孟頫绘《瓮牖图》，描绘子贡前来拜访，原宪的居所简陋，以昭示君子以德乐道之理

第二十八章

导读

本章，孔子指出三种会招致灾祸的情况，“愚而好自用”“贱而好自专”“生乎今之世，反古之道”，三者居其一，就会招致灾祸。作者认为“议礼”“制度”“考文”这三件事，只有天子才有资格做，有德无位或有位无德者都不可以随便制礼作乐。

原文

zǐ yuē yú ér hào zì yòng jiàn ér hào zì zhuān
子曰：“愚而好自用，贱而好自专，
shēng hū jīn zhī shì fǎn gǔ zhī dào rú cǐ zhě zāi jí qí
生乎今之世，反古之道；如此者，裁及其
shēn zhě yě
身者也。”

清顾沅编《圣庙祀典图考》中的孔子画像

释义

孔子说：“愚昧却喜欢自以为是，卑贱却喜欢独断专行，生于现在的时代，却一心想恢复古代的制度。这样做，灾祸一定会降临到他的身上。”

故事

王莽改制

xī hàn mò nián wài qī wáng mǎng cuàn duó zhèng quán jiàn lì xīn cháo
西汉末年，外戚王莽篡夺政权，建立新朝。
dāng shí tǔ dì jiān bìng yán zhòng nóng mín pò chǎn liú wáng shè huì máo dùn tū
当时，土地兼并严重，农民破产流亡，社会矛盾突
chū tǒng zhì wēi jī sì fú wèi bǎi tuō zhèng zhì wēi jī wáng mǎng jìn xíng le
出，统治危机四伏。为摆脱政治危机，王莽进行了
yí xì liè gǎi gé xuān bù wáng tián zhì jìn zhǐ tǔ dì mǎi mài yùn yòng zhèng fǔ
一系列改革：宣布王田制，禁止土地买卖；运用政府
quán lì kòng zhì shì chǎng píng yì wù jià yán tiě guān yíng guān fǔ tǒng yī zhù
权力控制市场，平抑物价；盐铁官营，官府统一铸
qián jìn zhǐ mǎi mài nú bì děng
钱；禁止买卖奴婢等。

明宣宗皇帝撰《御制外戚事鉴》中关于王莽事迹的插图

wáng mǎng gǎi zhì méi yǒu cóng gēn běn
王莽改制没有从根本
shang chù dòng dì zhǔ háo qiáng de lì yì ér
上触动地主豪强的利益，而
shì qǐ tú yòng fù gǔ de bàn fǎ jiě jué tǔ
是企图用复古的办法解决土
dì wèn tí gēn běn xíng bu tōng jiā zhī gǎi
地问题，根本行不通。加之改
gé qī jiān fǎ lǜ yán kē guān lì wǔ
革期间，法律严苛，官吏舞
bì zhèng cè zhāo lìng xī gǎi gèng jiā jù
弊，政策朝令夕改，更加剧
le shè huì wēi jī gǎi zhì hěn kuài shī bài
了社会危机。改制很快失败，
bìng dǎo zhì quán guó xìng de nóng mín dà qǐ yì
并导致全国性的农民大起义，
wáng mǎng bèi shā xīn cháo miè wáng
王莽被杀，新朝灭亡。

原文

fēi tiān zǐ bú yì lǐ bú zhì dù bù kǎo wén jīn
非天子，不议礼，不制度，不考文。今
tiān xià chē tóng guǐ shū tóng wén xíng tóng lún suī yǒu qí wèi
天下车同轨，书同文，行同伦。虽有其位，
gǒu wú qí dé bù gǎn zuò lǐ yuè yān suī yǒu qí dé gǒu wú
苟无其德，不敢作礼乐焉；虽有其德，苟无
qí wèi yì bù gǎn zuò lǐ yuè yān
其位，亦不敢作礼乐焉。

释义

如果不是天子，就不要议定礼仪，不要创制法度，不要考订文字。现在天下车子的轮距一致，文字统一，伦理的道德标准相同。即使有天子的地位，如果没有相应的德行，是不敢制作礼乐制度的；即使有相应的德行，如果没有天子的地位，也是不敢制作礼乐制度的。

唐阎立本绘《历代帝王图卷》中的隋炀帝画像

故事

暴虐亡国

suí yáng dì shì zhōng guó lì shǐ shang de bào
隋炀帝是中国历史上的暴
jūn tōng guò shā xiōng hài fù duó dé dì wèi
君，通过杀兄害父，夺得帝位。

zài wèi qī jiān dà xīng tǔ mù yì shǐ wú dù wèi yíng jiàn dōng dū luò yáng
在位期间，大兴土木，役使无度。为营建东都洛阳，
měi yuè zhēng yòng èr bǎi wàn láo lì fèi shí yì nián qián hòu sān cì xià lìng dà
每月征用二百万劳力，费时一年；前后三次下令大
guī mó xīng xiū yùn hé zhēng jí mín gōng shù bǎi wàn hào shí liù nián guǎng xiū
规模兴修运河，征集民工数百万，耗时六年；广修
bié guǎn dà shì xún yóu zào lóng zhōu yóu jiāng dū jīn jiāng sū yáng zhōu
别馆，大事巡游，造龙舟，游江都（今江苏扬州），
yán tú bǎi xìng shēn shòu qí hài tóng shí hái xiū cháng chéng kāi chí dào sān
沿途百姓深受其害；同时还修长城，开驰道，三
zhēng gāo lí pò shǐ shù bǎi wàn bǎi xìng bèi jǐng lí xiāng
征高丽，迫使数百万百姓背井离乡。

gōng yuán nián gè dì nóng mín fēn fēn qǐ yì háo zú yě chéng
公元611年，各地农民纷纷起义，豪族也乘
jī qǐ bīng suí
机起兵。隋
yáng dì zhòng pàn
炀帝众叛
qīn lí gōng yuán
亲离，公元
nián zài jiāng
618年在江
dū bèi jìn jūn jiàng
都被禁军将
lǐng yǔ wén huà jí
领宇文化及
děng rén lēi sǐ
等人勒死，
yí dài bào jūn
一代暴君，
zuì zhōng luò le gè
最终落了个
shēn sǐ guó wáng de
身死国亡的
xià chǎng
下场。

清彩绘本《帝鉴图说》插图《游幸江都》，描绘隋炀帝生活奢靡，乘船游幸江都的壮观场面

原文

zǐ yuē wú shuō xià lǐ qǐ bù zú zhēng yě wú xué
子曰：“吾说夏礼，杞不足征也；吾学
yīn lǐ yǒu sòng cún yān wú xué zhōu lǐ jīn yòng zhī wú
殷礼，有宋存焉；吾学周礼，今用之，吾
cóng zhōu
从周。”

释义

孔子说：“我谈论夏朝的礼制，夏的后裔杞国已不足以验证它；我学习殷朝的礼制，殷的后裔宋国还保存着它；我学习周朝的礼制，现在还在使用，所以我遵从周礼。”

故事

秉烛而学

shī kuàng shì chūn qiū shí
师旷是春秋时
jìn guó de yuè shī céng quàn jiàn
晋国的乐师，曾劝谏
jìn píng gōng xué xí yì tiān
晋平公学习。一天，
jìn píng gōng wèn shī kuàng wǒ
晋平公问师旷：“我
yǐ jīng qī shí suì le hái xiǎng
已经七十岁了，还想

四川雅安姚桥乡出土的《师旷鼓琴》画像石

zài xué xí shì bu shì yǒu diǎn er wǎn le shī kuàng dá dào méi guān xi
再学习，是不是有点儿晚了？”师旷答道：“没关系，
zhǐ yào nín hái xiǎng xué xí wèi shén me bù diǎn rán là zhú ne jìn píng gōng
只要您还想学习，为什么不点燃蜡烛呢？”晋平公
yǐ wéi shī kuàng huà zhōng yǒu cháo fěng zhī yì biàn zé guài dào nǎ yǒu chén zǐ
以为师旷话中有嘲讽之意，便责怪道：“哪有臣子
gēn jūn zhǔ suí biàn kāi wán xiào de
跟君主随便开玩笑的！”

shī kuàng jiàn jìn píng gōng wù jiě le zì jǐ de yì si yú shì jiě shì dào
师旷见晋平公误解了自己的意思，于是解释道：
wǒ zěn gǎn xì nòng jūn zhǔ ne wǒ céng tīng shuō shào nián hào xué jiù xiàng chū shēng de tài yáng yí yàng zhōng nián hào xué jiù xiàng zhèng wǔ de tài yáng yí yàng wǎn nián hào xué jiù xiàng diǎn liàng là zhú yí yàng zhú guāng suī rán wēi ruò zǒng bǐ zài hēi àn zhōng mō suǒ hǎo ba jìn píng gōng tīng hòu shēn biǎo zàn tóng
“我怎敢戏弄君主呢？我曾听说：少年好学，就像初升的太阳一样；中年好学，就像正午的太阳一样；晚年好学，就像点亮蜡烛一样。烛光虽然微弱，总比在黑暗中摸索好吧？”晋平公听后，深表赞同。

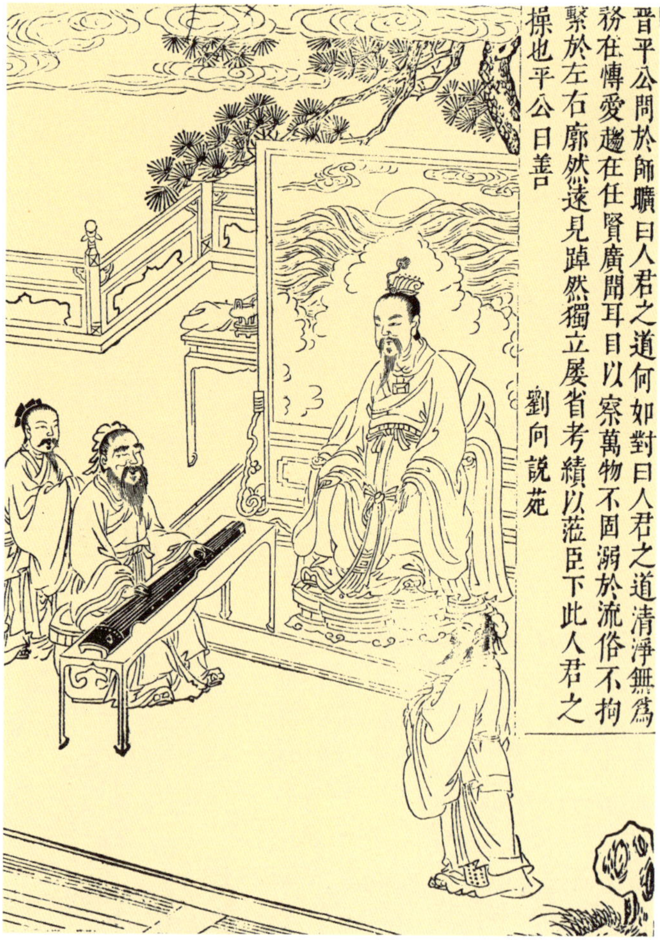

明金忠编《瑞世良英》卷一之《晋平公问于师旷》，描绘师旷与晋平公谈论人君之道的场景

第二十九章

导读

本章，作者指出“议礼”“制度”“考文”是治理天下的三件大事，同时提出“君子之道”的六条原则，如果君子能够遵循，那么言语行动就会成为天下的法则，他也会成为天下人敬仰的对象。

原文

wàng tiān xià yǒu sān zhòng yān qí guǎ guò yǐ hū shàng
王天下有三重焉，其寡过矣乎！上
yān zhě suī shàn wú zhēng wú zhēng bú xìn bú xìn mín fú
焉者，虽善无征，无征不信，不信民弗
cóng xià yān zhě suī shàn bù zūn bù zūn bú xìn bú xìn
从。下焉者，虽善不尊，不尊不信，不信
mín fú cóng
民弗从。

释义

治理天下能够做好议定礼仪、创制法度、考订文字这三件重要的事，就很少有过失了吧！夏商的制度虽好，但如果没有验证的话，就不能使人信服，不能使人信服，百姓就不会听从。在下位的人，虽然德行美好，但没有尊贵的地位，没有尊贵的地位，就不能使人信服，不能使人信服，百姓就不会听从。

故事

广开言路

唐朝初年，魏徵任谏议大夫，多次劝谏唐太宗。一次，唐太宗同魏徵谈话时，嫌上书纳谏的人太多，认为有些谏议纯属无稽之谈，准备狠狠斥责这些人。魏徵劝道：“古代圣王竖立诽谤之木，让天下人自由发表意见，指出执政和德行的过失。陛下应该广开言路，让人们尽情议论，说出他们想说的话，使陛下知道自己的过失，才会对治理国家有利呀！”唐太宗听后深表认同。

清梁延年编《圣谕像解》插图《愿为良臣》，讲述魏徵直谏，愿做良臣的故事

后来，魏徵去世，唐太宗很伤心，感叹道：“以铜为鉴，可正衣冠；以古为鉴，可知兴替；以人为鉴，可明得失。如今魏徵去世，我失去了一面镜子呀！”

原文

gù jūn zǐ zhī dào　běn zhū shēn　zhēng zhū shù mín　kǎo
故君子之道，本诸身，征诸庶民，考

zhū sān wáng ér bú miù　jiàn zhū tiān dì ér bú bèi　zhì zhū guǐ
诸三王而不缪，建诸天地而不悖，质诸鬼

shén ér wú yí　bǎi shì yǐ sì shèng rén ér bú huò　zhì zhū guǐ
神而无疑，百世以俟圣人而不惑。质诸鬼

shén ér wú yí　zhī tiān yě　bǎi shì yǐ sì shèng rén ér bú huò
神而无疑，知天也；百世以俟圣人而不惑，

zhī rén yě
知人也。

释义

所以君子治理天下，应该以修养自身的品德为根本，并从百姓那里得到验证。考察夏、商、周三代先王的制度而没有错误，立于天地之间而没有悖乱，质询鬼神而没有疑问，百世以后圣人出现也不会产生疑惑。质询鬼神而没有疑问，是知道天理；百世以后圣人出现也不会产生疑惑，是知道人意。

清绣像本《东周列国志》中的晋文公画像

故事

晋文公伐原

chūn qiū shí zhōu wáng shì fā shēng nèi luàn jìn wén gōng yīn qín wáng yǒu
春秋时，周王室发生内乱，晋文公因勤王有
gōng bèi zhōu xiāng wáng cì yǐ yáng fán wēn yuán děng bā yì de tǔ dì yuán
功，被周襄王赐以阳樊、温、原等八邑的土地。原
guó běn lái shì zhōu dà fū bó jiǎ de fēng dì yīn fēng dì bèi bō duó bó jiǎ huái
国本来是周大夫伯贾的封地，因封地被剥夺，伯贾怀
hèn zài xīn sàn bù yáo yán shuō jìn jūn wéi gōng yáng fán tú shā le quán chéng
恨在心，散布谣言说，晋军围攻阳樊，屠杀了全城
bǎi xìng yuán guó bǎi xìng shí fēn kǒng jù shì sǐ shǒu chéng
百姓。原国百姓十分恐惧，誓死守城。

jìn guó dà fū zhào cuī shuō yuán rén bù guī fú jìn guó shì yīn wèi méi yǒu
晋国大夫赵衰说："原人不归服晋国，是因为没有
jiàn lì qǐ xìn yì dà wáng yào xiǎng jiàn lì
建立起信义。大王要想建立
xìn yì jiù mìng jūn duì zhǐ dài sān tiān de jūn
信义，就命军队只带三天的军
liáng sān tiān bù néng gōng qǔ yuán guó jiù
粮，三天不能攻取原国，就
chè bīng jìn wén gōng cǎi nà le tā de jiàn
撤兵。"晋文公采纳了他的建
yì sān tiān hòu jìn guó méi yǒu gōng xià
议。三天后，晋国没有攻下
yuán guó jìn wén gōng xuān bù chè bīng yuán
原国，晋文公宣布撤兵。原
guó bǎi xìng bēn zǒu xiāng gào rèn wéi jìn wén
国百姓奔走相告，认为晋文
gōng shì nán dé de yǒu dào zhī jūn zhēng xiāng
公是难得的有道之君，争相
qián lái tóu bèn
前来投奔。

清绣像本《东周列国志》插图《晋文公守信降原》，讲述晋文公信守承诺，令原国归附的故事

原文

shì gù jūn zǐ dòng ér shì wéi tiān xià dào xíng ér shì wéi tiān xià fǎ yán ér shì wéi tiān xià zé yuǎn zhī zé yǒu wàng jìn zhī zé bú yàn shī yuē zài bǐ wú wù zài cǐ wú yì shù jī sù yè yǐ yǒng zhōng yù jūn zǐ wèi yǒu bù rú cǐ ér zǎo yǒu yù yú tiān xià zhě yě

是故君子动而世为天下道，行而世为天下法，言而世为天下则。远之则有望，近之则不厌。《诗》曰："在彼无恶，在此无射。庶几夙夜，以永终誉。"君子未有不如此而蚤有誉于天下者也。

释义

所以君子的举动能世世代代成为天下的楷模，行为能世世代代成为天下的法度，语言能世世代代成为天下的准则。距离君子远的人仰慕他，距离君子近的人不厌恶他。《诗经·周颂·振鹭》说："在那里没有人憎恶，在这里没有人厌烦。日日夜夜操劳哇，永远保持美好的名望。"君子没有不这样做，而能早早在天下获得好名声的。

故事

崇师问道

wáng guī shì táng chū dà chén bǎo dú shī shū wéi rén chén jìng táng tài

王珪是唐初大臣，饱读诗书，为人沉静。唐太宗即位后召他做谏议大夫。王珪自己生活简朴，对族人和近邻却处处关照，深得朝野好评。唐太宗特意让他做魏王李泰的老师。

一天，李泰问王珪怎样做才算忠孝，王珪说："当今皇上是你的国君，你对他要忠心；当今皇上又是你的父亲，你对他要孝顺，这样做就可以建功立业了。从前，当别人问刘秀的儿子刘苍做什么最快乐时，他说做善事最快乐，希望你记住这句话。"唐太宗听说这件事，高兴地说："我儿子不会犯错误了！"

明焦竑著《养正图解》插图《崇师问道》，讲述魏王李泰以王珪为师，虚心求教，令唐太宗满意的故事

第三十章

导读

本章赞美孔子，不仅从正面赞颂孔子的功德，还将孔子与天地作比，说明孔子之所以为圣人的原因。最后，还赞美了天地之所以伟大的原因。

原文

zhòng ní zǔ shù yáo shùn xiàn zhāng wén wǔ shàng
仲尼祖述尧、舜，宪章文、武；上
lǜ tiān shí xià xí shuǐ tǔ pì rú tiān dì zhī wú bù chí zài
律天时，下袭水土。辟如天地之无不持载，
wú bú fù dào pì rú sì shí zhī cuò xíng rú rì yuè zhī dài míng
无不覆帱；辟如四时之错行，如日月之代明。
wàn wù bìng yù ér bù xiāng hài dào bìng xíng ér bù xiāng bèi xiǎo
万物并育而不相害，道并行而不相悖。小
dé chuān liú dà dé dūn huà cǐ tiān dì zhī suǒ yǐ wéi dà yě
德川流，大德敦化。此天地之所以为大也。

释义

孔子继承尧、舜的传统，以周文王、周武王为典范，上遵循天时运行的规律，下符合水土地理的环境。就像天地那样没有什么不能承载，没有什么不能覆盖；又好像四季的交错运行，日月的交替照耀。万物共同生长而互不妨害，天地之道同时并行而互不冲突。小的德行如河水一样川流不息，大的德行敦厚纯朴，化育万物。这就是天地的伟大之处哇！

故事

至德之人

战国时，庄子的弟子问他世上是否有至德之人。庄子说：“孔子就是呀！一次，孔子游历到卫国匡地，被卫国人层层包围，但他仍不停地弹琴高歌。学生子路问他为什么如此快乐，孔子说：‘我早就忌讳穷困，却难免穷困潦倒，这是命运不好哇！我追求通达得意，却一直未能实现，这是时运不好哇！刀剑横在面前，视死如归，这是壮烈之士的勇敢；明白穷困不得志是命运的安排，明白通达得意是时运使然，遇到大难而不惧怕，这是圣人的勇敢。’由此可见，孔子可谓是通达权变的至德之人哪！”

明佚名绘《孔子圣迹图》之《在陈绝粮》，描绘孔子周游列国，在陈蔡之间被困七天，孔子依旧弹琴唱歌的场景

第三十一章

导读

本章赞美天下最伟大的圣人，指出他有五种美德：聪明睿智、宽容柔和、奋发坚毅、庄重正直、条理缜密，广大如天，幽深如渊，民众对他心悦诚服。因此，圣人的美德能够与天匹配。

原文

wéi tiān xià zhì shèng　wéi néng cōng míng ruì zhì　zú yǐ
唯天下至圣，为能聪明睿知，足以
yǒu lín yě　kuān yù wēn róu　zú yǐ yǒu róng yě　fā qiáng gāng
有临也；宽裕温柔，足以有容也；发强刚
yì　zú yǐ yǒu zhí yě　zhāi zhuāng zhōng zhèng　zú yǐ yǒu jìng
毅，足以有执也；齐庄中正，足以有敬
yě　wén lǐ mì chá　zú yǐ yǒu bié yě
也；文理密察，足以有别也。

释义

只有天下最伟大的圣人，才能做到聪明睿智，足以治理天下；宽容柔和，足以包容天下；奋发坚毅，足以决断大事；庄重正直，足以使人尊敬；条理缜密，足以辨别是非。

故事

诸葛亮相蜀

三国时，刘备为替关羽报仇，兴兵伐吴，结果惨败而回。刘备知道自己活不长了，就派人召来诸葛亮，把儿子刘禅托付给他，希望他能像父亲一样对待刘禅。

刘备死后，诸葛亮在极端困难的情况下，辅佐幼主刘禅，可谓殚精竭虑。虽然刘禅昏庸，但在诸葛亮的辅佐下，总算稳定了西蜀政局，与曹魏、孙吴政权形成鼎足之势。诸葛亮德才兼备，忠心不贰，是历代政治家的典范。他在《后出师表》中所说的“鞠躬尽力，死而后已”，正是他一生的真实写照。

清绣像本《三国演义》插图《刘先主遗诏托孤儿》，讲述刘备伐吴失败退守白帝城，临死时将刘禅托付给诸葛亮的故事

原文

pǔ bó yuān quán ér shí chū zhī pǔ bó rú tiān yuān
溥博渊泉，而时出之。溥博如天，渊
quán rú yuān xiàn ér mín mò bú jìng yán ér mín mò bú xìn
泉如渊。见而民莫不敬，言而民莫不信，
xíng ér mín mò bú yuè shì yǐ shēng míng yáng yì hū zhōng guó
行而民莫不说。是以声名洋溢乎中国，
yì jí mán mò zhōu chē suǒ zhì rén lì suǒ tōng tiān zhī suǒ
施及蛮貊。舟车所至，人力所通，天之所
fù dì zhī suǒ zài rì yuè suǒ zhào shuāng lù suǒ zhuì fán
覆，地之所载，日月所照，霜露所队，凡
yǒu xuè qì zhě mò bù zūn qīn gù yuē pèi tiān
有血气者，莫不尊亲，故曰配天。

释义

圣人的美德，广博深厚，常常表现出来。广阔如同天空，深沉如同深渊。他表现出的仪容，百姓没有不尊敬的；他说出的话，百姓没有不信服的；他做出的事，百姓没有不喜欢的。因此他的名声传遍中原大地，并远及少数民族地区。凡是车船能到的地方，人力能通的地方，苍天覆盖的地方，大地承载的地方，日月照耀的地方，霜露降落的地方，凡是有血气的人，没有不尊敬和亲近他的，所以说圣人的美德能与天相匹配。

苏武牧羊

西汉时，苏武奉汉武帝之命出使匈奴。匈奴单于借口汉朝副使张胜参与匈奴内乱，把苏武扣留，并威胁、利诱他投降。苏武大义凛然，以死相拼。单于见苏武坚贞不屈，先是把他关入地窖不给饮食，之后又把他流放到北海（今俄罗斯贝加尔湖）去放羊。

清胡铁梅绘《苏武牧羊图》

苏武历尽艰辛，饮冰雪，食草实，手持汉节，一再拒绝匈奴的诱降，在北海度过了十九个春秋。

汉昭帝时，汉使奉命把苏武接回祖国。苏武壮年出使，返回汉朝时已鬓发斑白。他忠于职守、威武不屈的高尚情操，一直为历代所传颂。

第三十二章

导读

本章提出，天下至诚之人能够制定治理天下的基本法则，树立天下的根本道德，知晓天地化育万物的道理，如果不是有“聪明圣知”，就不可能做到。

原文

wéi tiān xià zhì chéng wéi néng jīng lún tiān xià zhī dà jīng
唯天下至诚，为能经纶天下之大经，
lì tiān xià zhī dà běn zhī tiān dì zhī huà yù fú yān yǒu suǒ
立天下之大本，知天地之化育。夫焉有所
yǐ zhūn zhūn qí rén yuān yuān qí yuān hào hào qí tiān gǒu
倚？肫肫其仁！渊渊其渊！浩浩其天！苟
bú gù cōng míng shèng zhì dá tiān dé zhě qí shú néng zhī zhī
不固聪明圣知达天德者，其孰能知之？

释义

只有天下最真诚的人，才能制定治理天下的基本法则，树立天下的根本，知晓天地化育万物的道理。除了至诚，他哪里需要依赖什么呢？他的仁爱之心是那样诚恳！他的思想像潭水一样深沉！他的美德像天一样广阔！如果不是确实具有聪明才智而能够通达天赋美德的人，还有谁能知道这些道理呢？

故事

唐太宗教子

唐太宗统治时期是中国历史上的盛世，被后人誉为“贞观之治”。唐太宗不仅治国有方，对子女的教育也十分严格。

在给儿子吴王李恪的信中，唐太宗说道：“我作为君主统治天下，为百姓树立表率。你身为皇帝的嫡亲，肩负着守卫一方领土的大任。所以，你应该思考君臣父子之道，制定道德修养规范，以正义裁断事物，以礼教统治民心，尽量避免各种坏毛病。只有这样，才能坚如磐石，捍卫国家。我本想送你一些珍玩，又怕你骄奢，因此留下这席话，就算是对你的训诫吧。”

清彩绘本《帝鉴图说》插图《面斥佞臣》，讲述唐太宗记住魏徵劝他远离佞人的话，当面斥责宇文士及的故事

第三十三章

导读

本章是《中庸》的最后一章，是对全篇的总结。作者多次引用《诗经》之文，强调“入德”“慎独”“戒惧”“修德”的重要性，并指出治民应以德为本，最好的教化是无声无臭的。

原文

shī yuē yì jǐn shàng jiǒng wù qí wén zhī zhù
《诗》曰：“衣锦尚䌹。”恶其文之著
yě gù jūn zǐ zhī dào àn rán ér rì zhāng xiǎo rén zhī dào
也。故君子之道，暗然而日章；小人之道，
dí rán ér rì wáng jūn zǐ zhī dào dàn ér bú yàn jiǎn ér
的然而日亡。君子之道，淡而不厌，简而
wén wēn ér lǐ zhī yuǎn zhī jìn zhī fēng zhī zì zhī wēi
文，温而理，知远之近，知风之自，知微
zhī xiǎn kě yǔ rù dé yǐ
之显，可与入德矣。

shī yún qián suī fú yǐ yì kǒng zhī zhāo gù
《诗》云：“潜虽伏矣，亦孔之昭。”故
jūn zǐ nèi xǐng bú jiù wú wù yú zhì jūn zǐ zhī suǒ bù kě jí
君子内省不疚，无恶于志。君子之所不可及
zhě qí wéi rén zhī suǒ bú jiàn hū
者，其唯人之所不见乎？

shī yún xiàng zài ěr shì shàng bú kuì yú wū
《诗》云：“相在尔室，尚不愧于屋

lòu　　gù jūn zǐ bú dòng ér jìng　bù yán ér xìn
漏。”故君子不动而敬，不言而信。

释义

《诗经·卫风·硕人》说：“内穿锦缎，外罩麻衣。”说的是厌恶锦衣的花纹过分显眼。所以君子之道，深藏不露而日益彰明；小人之道，显露无遗而日益消亡。君子之道，平淡而不使人厌烦，简略而有文采，温和而有条理，懂得远是从近开始的道理，懂得教化有源头的道理，懂得隐微可以变得明显的道理，这样就可以进入有道德的境界了。

《诗经·小雅·正月》说：“潜藏虽然很深，但也会被看得很清楚。”所以君子自我反省而无所愧疚，也就是说无愧于心了。君子的德行之所以高于一般人，大概就是在这些不被人看见的地方也严格要求自己吧？

《诗经·大雅·抑》说：“看你独自在室内的时候，是不是做事也无愧于神明。”所以，君子即使不做事，百姓也尊敬他，即使不说话，百姓也相信他。

清人绘《历代名臣像解》中的柳下惠画像

故事

坐怀不乱

liǔ xià huì shì chūn qiū shí lǔ guó dà fū　dào
柳下惠是春秋时鲁国大夫，道

dé gāo shàng pǐn xíng duān zhèng tōng xiǎo lǐ yí jù shuō zài yí gè hán lěng de
德高尚，品行端正，通晓礼仪。据说在一个寒冷的
bàng wǎn liǔ xià huì chū chéng bàn shì huí lái shí chéng mén guān bì tā bù néng
傍晚，柳下惠出城办事，回来时城门关闭，他不能
jìn chéng zhǐ hǎo lù sù zài chéng mén zhī xià dāng shí yí gè méi lái de jí
进城，只好露宿在城门之下。当时，一个没来得及
jìn chéng de nǚ zǐ quán suō zài chéng mén dòng zhōng yǐ jīng kuài dòng jiāng le liǔ
进城的女子蜷缩在城门洞中，已经快冻僵了。柳
xià huì dān xīn nǚ zǐ huì bèi dòng sǐ jiù bǎ tā bào zài huái li bìng jiě kāi wài
下惠担心女子会被冻死，就把她抱在怀里，并解开外
yī bǎ tā guǒ jǐn hé nǚ zǐ zhè yàng zuò le yí yè hù xiāng yǐ tǐ wēn qǔ
衣把她裹紧，和女子这样坐了一夜，互相以体温取
nuǎn liǔ xià huì xīn wú zá
暖。柳下惠心无杂
niàn duì nǚ zǐ jǔ zhǐ yǒu
念，对女子举止有
lǐ jué wú chèn rén zhī wēi
礼，绝无趁人之危、
yú yuè dào yì de xíng wéi
逾越道义的行为。

xún zǐ dà lüè píng
《荀子·大略》评
lùn shuō rén men jiǔ wén liǔ
论说："人们久闻柳
xià huì shì zhèng rén jūn zǐ
下惠是正人君子，
tā bǎ mò shēng nǚ zǐ bào
他把陌生女子抱
zài huái li yí yè méi yǒu
在怀里，一夜没有
bù guǐ xíng wéi ér bú bèi huái
不轨行为而不被怀
yí zhè bú shì yì tiān de
疑，这不是一天的
chuán wén le
传闻了。"

明汪廷讷撰《人镜阳秋》插图，讲述柳下惠坐怀不乱的故事

原文

shī yuē zòu gé wú yán shí mǐ yǒu zhēng shì
《诗》曰："奏假无言，时靡有争。"是
gù jūn zǐ bù shǎng ér mín quàn bú nù ér mín wēi yú fū yuè
故君子不赏而民劝，不怒而民威于铁钺。

shī yuē pī xiǎn wéi dé bǎi bì qí xíng zhī
《诗》曰："不显惟德，百辟其刑之。"
shì gù jūn zǐ dǔ gōng ér tiān xià píng
是故君子笃恭而天下平。

shī yún yú huái míng dé bú dà shēng yǐ sè
《诗》云："予怀明德，不大声以色。"
zǐ yuē shēng sè zhī yú yǐ huà mín mò yě
子曰："声色之于以化民，末也。"

shī yuē dé yóu rú máo máo yóu yǒu lún
《诗》曰："德輶如毛。"毛犹有伦。
shàng tiān zhī zài wú shēng wú xiù zhì yǐ
"上天之载，无声无臭。"至矣。

释义

《诗经·商颂·烈祖》说："祭祀时默默祈祷，肃穆无言，没有争执。"所以，君子不用赏赐，百姓也会互相劝勉；不用发怒，百姓也会像见到刀斧刑具一样畏惧。

《诗经·周颂·烈文》说："大大彰显天子的德行，四方诸侯都会来效仿。"所以，君子笃实恭敬就能使天下太平。

《诗经·大雅·皇矣》说："我怀念文王的美德，他从不厉声厉色。"孔子说："厉声厉色地去教化百姓，是最差的方法。"

《诗经·大雅·烝民》说："德行轻如鸿毛。"轻如鸿毛还是可以比拟的。而"上天化育万物，既没有声音，也没有气味"才是最高的境界呀！

故事

子产治郑

zǐ chǎn shì chūn qiū shí zhèng zhì jiā sī xiǎng jiā zài dān rèn zhèng guó xiàng
子产是春秋时政治家、思想家，在担任郑国相
guó qī jiān rèn yòng xián néng jìn xíng le yí xì liè gǎi gé
国期间，任用贤能，进行了一系列改革。

duì yú zǐ chǎn de zuò fǎ yǒu xiē guó rén bù lǐ jiě biàn shuō zǐ
对于子产的做法，有些国人不理解，便说："子
chǎn jì suàn wǒ de jiā chǎn ér shōu fèi zhàng liáng wǒ de gēng dì ér zhēng shuì shéi
产计算我的家产而收费，丈量我的耕地而征税，谁
shā sǐ zǐ chǎn wǒ zhù tā yí bì zhī lì zǐ chǎn tīng hòu bù yǐ wéi yì de
杀死子产，我助他一臂之力。"子产听后，不以为意地
shuō zhè yǒu shén me zhǐ yào duì guó jiā yǒu lì shēng sǐ yóu tā qù ba
说："这有什么？只要对国家有利，生死由它去吧。"
sān nián zhī hòu zhèng guó bǎi xìng de shēng huó dé
三年之后，郑国百姓的生活得
dào hěn dà gǎi shàn guó rén dōu fēi cháng gǎn jī
到很大改善，国人都非常感激
tā zǐ chǎn qù shì shí bǎi xìng dōu chén jìn
他。子产去世时，百姓都沉浸
zài bēi tòng zhī zhōng jiù rú tóng zì jǐ de qīn
在悲痛之中，就如同自己的亲
rén qù shì yí yàng kǒng zǐ yǔ zǐ chǎn jiāo wǎng
人去世一样。孔子与子产交往
hěn duō duì tā jǐ yǔ hěn gāo píng jià chēng
很多，对他给予很高评价，称
tā wéi gǔ zhī yí ài
他为"古之遗爱"。

清人绘《历代名臣像解》中的子产画像

图书在版编目（CIP）数据

大学·中庸 / 石延博编著. -- 北京：天天出版社,2023.8（2023.9重印）
（国学里的中国）
ISBN 978-7-5016-2097-5

Ⅰ. ①大… Ⅱ. ①石… Ⅲ. ①《大学》—少儿读物②《中庸》—少儿读物
Ⅳ. ①B222.1-49

中国国家版本馆CIP数据核字(2023)第097561号

责任编辑：马晓冉 **美术编辑：**曲 蒙
责任印制：康远超 张 璞

出版发行：天天出版社有限责任公司
地址：北京市东城区东中街 42 号 **邮编：**100027
市场部：010-64169902 **传真：**010-64169902
网址：http://www.tiantianpublishing.com
邮箱：tiantiancbs@163.com

印刷：河北环京美印刷有限公司 **经销：**全国新华书店等
开本：710 × 1000 1/16 **印张：**12
版次：2023 年 8 月北京第 1 版 **印次：**2023 年 9 月第 2 次印刷
字数：120 千字

书号：978-7-5016-2097-5 **定价：**39.00 元